DreamWorks
ANIMATION SKG

사랑하는 나의 트롤 스낵 팩 친구들. 케이티, 앨리슨, 키에라, 소피 - J. S.



**옮긴이 최세희** 국민대학교 영문학과를 졸업했다. 대중음악 칼럼을 쓰고 팟캐스트 방송 <승열과 케일린의 영어로 읽는 문학>의 작가로 활동하고 있다. 『아름다운 세상을 꿈꾸다』(공저)를 썼고, 『렛미인』, 『킵』, 『깡패단의 방문』, 『예감은 틀리지 않는다』, 『사랑은 그렇게 끝나지 않는다』, 『우리가 볼 수 없는 모든 빛』, 『에마』, 『피너츠』 등을 우리말로 옮겼다.

아트 오브 트롤 드림웍스 공식 아트북
펴낸날 초판 1쇄 2017년 2월 25일 지은이 제리 슈미츠 옮긴이 최세희
펴낸이 이주애, 홍영완 책임편집 장정민 펴낸곳 윌북
출판등록 제406-2004-17호 주소 10881 경기도 파주시 회동길 209
전화 031-955-3777 이메일 willbook@naver.com
ISBN 979-11-5581-111-5 (03680) (CIP제어번호: 2017003096)
책값은 뒤표지에 있습니다. 잘못 만들어진 책은 구입하신 서점에서 바꿔드립니다.

**앞** 달 소년 • 프리실라 웡
**옆** 보랏빛 황혼 • 티모시 램
**왼쪽 옆** 트롤 마을의 나뭇잎 • 애브너 겔러
**뒤** 트롤 숲 텍스처와 색상 • 니콜라스 헨더슨
**6, 7쪽** 트롤 숲 • 켄 파크
**7쪽**(맨 위 왼쪽부터 시계 방향) 스미지의 생일 초대장 • 클리오 치앙, 트롤 마을 초대장 • 켄 파크, 케이크 장식과 막대 사탕과 초대장 • 애브너 겔러

# The Art of DreamWorks Trolls

*Foreword by* Anna Kendrick

*Written by* Jerry Schmitz

*Book design by* Iain R. Morris & Barbara Genetin

차례

Smidge's B*day
PIZZA party
Branch

# 머리말_안나 켄드릭

2년 전, 마이크 미첼과 월트 도른에게서 파피 공주의 목소리 연기 제의를 받았다. 생각만 해도 짜릿했다. 과연 내가 제대로 해낼 수 있을까? 트롤 나라의 제일 행복한 트롤을 할 수 있을지 나 스스로도 의심스러웠다. 설탕이 뚝뚝 떨어질 정도로 다정다감한 성격은 내 장기가 아니니까. 난 그들에게 내가 파피를 연기할 경우 자칫 오만하게 비칠 수도 있다고 경고했다. 그때 '스파크 플러그(점화장치를 의미하나 불같은 기질을 가진 선수를 뜻함-옮긴이)'란 말을 썼던 기억이 난다. 그 속엔 '살짝 맛이 간 애'라는 뜻이 숨어 있었다.

그런 후 레코딩 부스에 들어갈 때마다 파피의 미소 짓는 그림이 날 반겼다. 나는 이 앙증맞은 캐릭터에 불같고 강단 있는 성격을 부여하고 싶었다. 그런데 웬걸, 정작 녹음에 들어가면 처음 5분 정도는 '사랑스럽기 그지없는 목소리'로 연기하는 바람에 엉망진창이 되었다. 어쩌라고! 이게 다 파피가 너무 귀여운 탓이다! 그렇지만 마이크와 월트의 격려에 힘입어 이 앙증맞은 분홍빛 꼬마 아가씨를 생기발랄하면서도 알쏭달쏭한 존재로 만들 수 있었다. 비록 슈렉과 생김새는 다를지언정 파피는 결이 많은 캐릭터다.

몇 달 간 녹음을 하면서 욕심이 생긴 나는 영화 장면들도 보고 아트워크에 대해서도 좀 더 알고 싶다는 의사를 밝혔다. 드림웍스의 각 부서장들이 날 위해 편집한 필름을 보고서 비로소 나는 내가 참여한 건 새 발의 피에 지나지 않을 정도로 트롤의 세계가 방대한 우주임을 깨달았다. 레코딩 때 나는 파피에게 은근히 괴짜 같은 면을 심으려고 노력했다. 그런데 드림웍스 드림팀이 나보다 앞서 파피의 내면에 숨은 깨알 같은 폭죽을 톡톡 터뜨려준 걸 알고 희열을 느꼈다. 물론, 그들에게 이런 건 일도 아니었을 것이다. 이미 수많은 영화를 거치며 인간적인 면모와 복잡한 내면을 가진 캐릭터들을 숱하게 만들어온 사람들이니까.

그런 그들에게도 트롤의 마법 같은 세계를 구현하기 위해 입체감 넘치는 애니메이션을 손으로 일일이 만들어낸다는 건 새로운 경험이었을 것이다. 애니메이터들은 다양한 시기와 문화에서 착안해 트롤 우주에 전무후무한 개성을 부여했다. <트롤> 뒤에 숨은 이런 재능을 발견할 때마다 나는 매번 가슴이 벅차올랐다. 여러분 역시 그 아름다움을 발견하게 되리라 기대한다.

추신. <트롤>의 일원이 될 소중한 기회를 준 마이크 미첼, 월트 도른, 지나 샤이, 제프리 카첸버그에게 무한한 감사를 표합니다. 내내 꿈을 꾸는 것 같았어요. 신나고, 삐딱하고, 황홀한 꿈을.

위 나비 • 아멜리 플레셰즈 옆 파피 최종 결정판 캐릭터 • 드림웍스 애니메이션

# 프롤로그

드림웍스 스튜디오의 블록버스터 히트작 <슈렉 포에버>의 감독들과 제작자들이 다시 뭉쳤다. 연출에 마이크 미첼, 제작에 지나 샤이, 공동 연출에 월트 도른이 드림웍스의 <트롤>을 위해 다시 나선 것이다. 샤이는 말한다. "<슈렉 포에버>에서 이미 마이크와 월트와 긴밀히 손발을 맞춰본 터라, 그들이 트롤의 세계로 들어온다면 예측 불허의 멋진 애니메이션이 탄생할 거라는 걸 알았습니다."

"오거(슈렉의 종족-옮긴이)의 세계에서 한 세월을 살다시피 했기 때문에 당연히 트롤의 세계에 끌릴 수밖에 없었어요. 스칸디나비아 신화에서 둘은 그리 멀지 않은 친척 아닌가요?" 도른의 말이다.

사전 연구 조사에 들어가는 한편, 트롤 관련 설화집을 뒤져본 지 얼마 안 돼서 제작자들은 트롤 종족이 아이들을 잡아먹는 어마어마하게 큰 거인부터 소원을 들어주는 앙증맞은 소인까지, 형태와 크기가 각양각색임을 알게 되었다. 전설에 따르면 트롤 종족은 수 세기 동안 동굴과 숲에 자리 잡고 통나무 속과 다리 아래서 살았다. 트롤의 성격은 짓궂고 약삭빠른 편이다. 하지만 알고 지내는 사이라면 행운을 안겨줄 때도 있다. 미첼 감독은 말한다. "월트와 함께 트롤의 인기 요인을 좀 더 심도 있게 분석하고, 현대와의 접점을 찾아보면서 반복해서 떠오르는 주제가 몇 개 있었어요. 트롤이 인기를 끄는 이유는 단순하고 미성숙한 면이 오히려 인간적으로 비치기 때문이죠." 현대의 트롤 설화 전체를 아우르면서도 단순하기 짝이 없는 '행복'이란 주제가 결국 제작자들에게 통했다. 미첼 감독은 덧붙인다. "바야흐로 행복을 전파할 때가 됐다는 게 우리가 내린 결론이었답니다."

행복을 찾아 떠나는 모험을 시작하기에 앞서 제작진은 트롤 하면 으레 행복을 떠올리는 풍조에 일조한 현대의 유행에 자연스럽게 눈을 돌리게 되었으니 다름 아닌 트롤 인형이었다. 트롤 인형엔 이젠 그 자체로 전설이 된 사연이 있다. 6년 전 쯤, 덴마크의 나무꾼이자 어부인 토마스 담은 돈이 없어 어린 딸 릴라에게 크리스마스 선물을 사줄 수 없었다. 고민 끝에 공예가인 자신의 솜씨를 믿고 상상력을 발휘해 나무를 깎아 인형을 만들었다.

어린 릴라는 삽시간에 동네의 모든 아이들의 부러움을 샀다. 전부터 가내수공업을 이끌고 있던 담은 그 인형에 트롤이란 이름을 붙였고, 얼마 안 있어서 동네 사람들을 위해-'담의 트롤'이라 알려진-트롤 인형을 만들기 시작했다.

'담 물품 회사'를 설립하면서 토마스 담은 (목재에서 플라스틱으로 재료를 전환했고) 생산량을 늘리고 유통에 들어갔다. 트롤 인형은 1960년대에 세계 시장에서 바비 인형 다음으로 타의 추종을 불허하는 전성기를 맞았다. 이후로도 수십 년 동안 전 세계적인 인기를 끌었다.

제작진은 '담 물품 회사'와 함께 제작 방향과 영화의 분위기에 대해 논의했다. 담 트롤 인형 고유의 필수적인 특성을 존중하면서 영화 속 캐릭터 각각에 뚜렷한 개성을 부여하고 싶다고 설명했다. 제작자 샤이는 말한다. "우리는 유일무이한 트롤 캐릭터를 만들어내는 것이 스토리와 세계관의 깊이를 더욱 폭넓게 해주리라는 것을 알았습니다. 트롤 피부에 머리카락을 잔뜩 달고 무지개색으로 하면 시각적 개성을 더욱 살릴 수 있으리라는 것도요."

미첼은 담 회사가 제작한 트롤 인형에 특별한 스토리가 없다는 사실에 오히려 해방감을 느꼈다고 고백한다. "백지 상태에서 시작한 덕에 우리만의 내러티브를 만들어낼 수 있었습니다. 트롤 캐릭터들을 가지고 말 그대로 뭐든 할 수 있었고 어디나 갈 수 있었어요!"

도른도 한마디 거든다. "우리는 구식 동화 같으면서도 그걸 뒤집는 예리한 면모가 느껴지는 이야기를 하고 싶었어요. 기질이 괴팍한 데다 불손하기 짝이 없는 태도를 가진 트롤은 우리에겐 다분히 '동화적으로' 다가왔고 이야기 자체가 너무도 자연스럽게 합쳐졌어요."

이야기를 구체화하는 과정에 대해 샤이가 말한다. "마이크와 월트가 냅킨 위에 휘갈긴 기발한 아이디어들에 작가들이 살을 붙였고, 노던 캘리포니아에 있는 마이크의 농장에서 키우는 라마, 양, 닭을 모델 삼아 구체화했어요. 그래서 이 영화 분위기가 몽환적이면서 짜릿한가 봐요."

제작 디자이너 켄달 크롱카이트 셰인들린은 인형을 가장 먼저 떠올렸다. "캐릭터들에 대해 생각하면서 우리가 원하는 건 인간이 아니라 마법의 숲에 사는 정령임을 깨달았죠." 그녀는 말한다. "그래서 트롤은 인간의 피부가 아닌, 뭔가 다른 거여야 했어요."

프로젝트를 진행하면서, 크롱카이트 셰인들린은 담 트롤 인형 중 한 버전이 반짝거리는 펠트로 된 피부에 보석 배꼽을 달고 있는 것에 주목했다. "우린 그 인형의 디자인을 적극 끌어들이면서 꼬마곰 젤리처럼 강렬한 색깔과 투명한 느낌을 더하기로 했어요. 사실 이건 아트 디렉터이자 캐릭터 디자이너인 티모시 램의 아이디어였어요. 그 덕에 트롤 캐릭터들은 다즙식물 같은 느낌이 나죠."

이런 디자인 콘셉트는 숲의 풍경에도 똑같이 적용되었다고 크롱카이트 셰이들린은 말한다. "이 앙증맞은 캐릭터들은 숲과 마치 한 몸처럼 조화를 이뤄 살아가는 존재이기 때문에, 숲의 텍스처도 그들과 같기를 바랐어요. 그래서 제작진은 숲의 질감을 펠트와 섬유로 최종 결정하게 되었죠." 풀과 꽃, 땅, 바위, 구름, 먼지를 표현하기 위해 펠트의 질감을 표현하는 테크닉, 손뜨개, 매듭실 장식, 바느질 기법을 썼어요. 그리고 영화의 마법 효과들마다 빠놓지 않고 반짝이를 집어넣었고요.

옆(위) 트롤 마을의 집 파드 구성 • 애브너 겔러
옆(아래) 트롤 인형 • 사만사 트로번 촬영
위 라마 • 지나 샤이 촬영
오른쪽 여정 컨셉트 • 아멜리 플레셰즈

우린 지구상의 모든 섬유와 슬로 아트에 대해 연구했고 섬유 미술가들이 양모와 직물에서 자연 세계를 재창조해 내는 것에 큰 영감을 받았죠. 그런 후 우리 숙제는 'CG로 이 보송보송한 세계를 어떻게 구현할 수 있을까?'가 되었어요." 스토리의 틀이 잡히면서 제작자들은 두 트롤을 중심축으로 삼기로 했다. 자신이 믿는 바를 끝까지 지켜내려는 야무진 성격의 트롤인 파피(안나 켄드릭)와 그녀와 정반대 성격의 브랜치(저스틴 팀버레이크)가 그들이었다.

통제 불능인 두 캐릭터의 역동적인 관계를 살리기 위해, 미첼은 그가 가장 좋아하는 영화 중 하나인 <로맨싱 스톤>을 보며 영감을 얻고자 했다. "이 이야기는 파피와 브랜치 둘이 각자의 시점에서 하는 이야기임을 알았습니다. 캐슬린 터너와 마이클 더글라스의 역동적인 관계-서로 에너지를 밀고 당기면서 상대를 깔보듯 놀려먹는 것-를 파피와 브랜치에게서 보고 싶었어요."

제작진 중 다수가 1970년대에 트롤 인형과 함께 성장했다고 해도 과언이 아니었기 때문에 영화의 룩(효과나 리터치 등의 추가 작업을 하여 보완한 화면에 대한 시각적 느낌)을 개발하면서 자연스럽게 그 시절의 미학을 따르게 되었다.

보다 더 현대적인 분위기를 참조하면서 드림웍스팀은 동화의 의미를 새삼 재고하게 되었다. "70년대를 우린 저마다 다르게 기억하고 있거든요. 하지만 요새 아이들에게 70년대는 동화의 세계에 가까운 시절로 여겨질 거예요. 그들이 전화를 걸면 연결할 수 있는 그런 세계랄까요!"

궁극적으로 <트롤>은 행복의 가치에 대해 이야기하는 영화다. 행복은 어디에서나 사람들을 끌어당긴다. 또 행복과 긍정적인 생각에는 세상의 어두운 면과 맞서기 충분할 만큼 강한 힘이 있다. "<트롤>의 핵심 테마는, 행복에는 주변으로 전파될 수 있는 전염성과 강한 힘이 있다는 것입니다." 제작자 지나 샤이의 말이다.

위 웅덩이에서 수영하는 트롤 • 티모시 램
옆 파피와 브랜치 • 티모시 램

**마이크 미첼은 티모시 램이 〈트롤〉 캐릭터들에 부여한**
**익살맞고, 비주류에 가까운 만화 스타일을 더없이 좋아했다.**
**그것이야말로 미첼이 구상한**
**영화 〈트롤〉의 이미지였기 때문이다.**

켄달 크롱카이트 셰인들린, 제작 디자이너

HAPPY

트롤 친구들을 만나다!

# 헤어스타일 & 허그타임

1950년대 후반 덴마크의 토마스 담이 딸에게 주려고 처음 만든 트롤 인형의 몸은 나무를 깎아 만든 것이었다. 그다음 머리에 양털을 붙이고 펠트천으로 옷을 만들어 입혔다. 제작 디자이너 켄달 크롱카이트 셰인들린은 이를 그대로 받아들여 <트롤>의 캐릭터 개발에 들어갔다. "천연 소재로 만든 수제 인형이란 아이디어를 도저히 무시할 수가 없었어요. 또 트롤의 색깔을 밝고 알록달록하게 만들어야겠다는 생각도 했죠."

"정해진 거라곤 인형 말고 아무것도 없었던 초창기부터 전 이 프로젝트에 투입됐거든요." 크롱카이트 셰인들린이 처음 해야 할 일은 제작진을 도와 영화 속 '캐릭터의 암호를 해독하는 것'이었다. 셰인들린에게 트롤 인형은 잘 알려진 유명인과 같았다. "트롤 인형의 생김새가 정말 이상하다고 생각했어요. 마치 아기와 체구가 작은 노인을 합쳐 놓은 '귀여운 못난이' 같았으니까요."

디자인 단계에서 제작진은 두 가지 사항을 염두에 두었는데 '귀여운 못난이'와 '헤어스타일'이었다. "믿거나 말거나, 트롤은 머리 길이가 몸의 반을 차지해요." 크롱카이트 셰인들린이 말한다. "<트롤>의 캐릭터들은 키가 6인치인데 머리가 3인치예요!"

영감을 얻으려고 최초 버전의 트롤 인형을 다시 살펴보면서, 제작진은 디자인에서 직선이 전혀 쓰이지 않았음을 알아차렸다. "담이 만든 인형은 땅딸막하니 어딜 봐도 둥글둥글하고 포동포동하잖아요?" 크롱카이트 셰인들린이 설명한다. "그런 특징들을 어느 정도 받아들여 <트롤>의 캐릭터들을 탄생시켰고 그게 트롤의 공용 디자인이 되었어요."

디자인팀은 트롤 인형의 옆으로 누운 듯한 타원형 머리통과 커다란 귀를 캐릭터에 그대로 적용했다. 이 우상과 같은 인형을 연구하면서 담이 여자 트롤과 남자 트롤의 귀를 각기 다르게 디자인했음을 발견했다. 담이 최초로 만든 인형은 이후 몇십 년을 거치며 진화했고 마침내 <트롤>의 캐릭터 디자인에 통합되었다.

담이 만든 최초 인형의 또 다른 특징은 트레이드마크가 되다시피 한 까만 눈이다. "그 표정도 우리 캐릭터에 적용하려 했지만 막상 그렇게 하니 디자인이 너무 동물처럼 보여서 인간적인 감정을 전혀 불러일으키지 못하더군요." 크롱카이트 셰인들린의 말이다. "그래서 하는 수 없이 까만 눈은 포기하고 홍채와 흰자위를 살려서 디자인했죠."

트롤의 표정을 더욱 생생하게 살리기 위해 크롱카이트 셰인들린은 가장 먼저 캐릭터 디자이너인 크레이그 켈먼을 고용했다.

앞 행복의 숲 • 프리실라 윙  맨 위 반짝이 파피 스타일 • 티모시 램  위 스낵 팩 라인업 • 윌리 리일  옆 트롤 인형들 • 사만사 트로번 촬영

“캐릭터에 익살맞은 흥을 불어넣는 데 켈먼만 한 재주꾼도 없을 겁니다. 그는 혼이 빠질 정도로 과격한 동작과 풍부한 표정으로 매력 만점의 재미난 숲속 꼬마 요정들을 탄생시켰어요.” 크롱카이트 셰인들린은 입에 침이 마르도록 켈먼을 칭찬한다.

켈먼은 맥스 플레이셔와 다른 기라성 같은 애니메이터들에게서 받은 영감을 트롤 디자인에 끌어들여 드림웍스 제작진을 매료시켰다. 켈먼의 말을 직접 들어보자. “카툰 특유의 호소력이 있는 ‘진짜 못난이’ 얼굴을 끌어들이고 싶었어요. 특히 1940년대 워너 브러더스 단편 애니메이션을 주름잡았던 밥 클램펫(‘벅스 버니’, ‘대피 덕’, ‘포키 피그’ 등의 카툰 캐릭터를 탄생시킨 전설적인 애니메이터-옮긴이)에게서 구체적인 아이디어를 얻었지요.”

켈먼의 최초 디자인에 영감을 받아서 아트 디렉터이자 캐릭터 디자이너인 티모시 램은 준비 과정에서 그린 몇몇 트롤 캐릭터와 초반에 구상해둔 콘셉트 캐릭터를 통합했다. 그리고 다시 작업을 한 끝에 보다 현대적이고 비주류적이며 만화적인 디자인 스타일을 완성했다. “트롤 인형처럼 만인의 사랑을 받는 고전 캐릭터를 업데이트하는 건 어려울 수밖에 없어요.” 램은 시인한다. “한편으론, 오리지널 인형의 매력과 기이한 개성을 존중해 살리는 것이 목표죠. 다른 한편으론, 그 인형을 현대화하고 유머를 더하고 또 우리 나름의 시각을 설득력 있게 부여하고 싶었고요.”

램과 제작진은 상당한 시일 동안 오리지널 인형을 분석한 끝에 최종 캐릭터 디자인을 결정하기에 이르렀다. “우리가 가장 염두에 둔 건 헤어스타일이었어요.” 램은 말한다. “초반엔 주인공 캐릭터의 개성을 확실히 살리는 헤어스타일 커스터마이징 얘기만 했을 정도로요.”

트롤 인형이 양털 머리를 한 목각 소재라는 점에서 디자인팀은 최종적으로 캐릭터들이 손으로 만질 수 있을 것 같은 질감을 갖게 되길 바랐다. “우리의 목표는 동화에 어울리는 피부 텍스처에 축소판을 보는 재미와 진짜 장난감처럼 손으로 만져질 것 같은 느낌을 살리는 거였습니다. 그렇게 해서 꼬마곰 젤리처럼 투명한 몸에 펠트 질감의 풍성한 머리털을 자랑하는 캐릭터가 탄생했어요. 꼭 다즙식물처럼 생겼죠.”

<트롤> 캐릭터들을 자세히 보면, 형태나 디자인이 제각기 다름을 알 수 있다. 제작진의 바람은 ‘트롤 저마다의 개성과 성격을 구분하는 데 색깔이 절대적인 역할을 하는 것’이었다고 램은 설명한다.

이렇게 다양한 색의 조합 덕에 트롤마다 다른 개성을 부각시킬 수 있었다. 그뿐만 아니라 거대하고 무시무시한 버겐 족과 확연한 대비를 이루기도 한다.

설명은 이만하고, 이제 트롤 친구들을 만나보자!

위 트롤 나무 • 티모시 램
왼쪽 헤어스타일리스트 • 윌리 리일
옆 파피와 브랜치 • 티모시 램

## 스크랩북

제작진은 트롤 왕국이 보기에도 그렇지만 느끼기에도 범상치 않아야 한다고 처음부터 생각하고 있었다. 디자인 과정 초기부터 연출을 맡은 마이크 미첼과 월트 도른은 미술부에게 전무후무한 도전 과제를 내주었다. 그건 <트롤>의 주요 장면을 펠트 천을 오려붙여 꾸민 스크랩북처럼 보이는 스토리북으로 만드는 것이었다.

비주얼 디벨롭 아티스트 프리실라 웡은 말한다. "전 스크랩북 프로젝트에 거의 처음부터 참여했어요. <트롤>에서 파피가 직접 스크랩북을 만들기 때문에 딱 맞는 룩을 찾아야 했죠."

웡에게 가장 큰 도전 중 하나는 스크랩북이란 매체를 거쳐 단순화한 이야기를 전달하는 것이었고, '정신없이 바빠질 걸 각오해야 했다'고 말한다. 그림의 형태에 맞는 텍스처를 고르는 것 역시 만만찮은 내공을 요했고, 결국 그녀의 작업 과정 중 도전의 핵심이 되었다.

집과 사무실 주변에서 얻을 수 있는 재료들-알루미늄 호일, 으깨진 페퍼민트 캔디, 스펀지, <마다가스카 3>의 홍보용 가발-을 써서 웡은 트롤들, 무지개 가발, (그녀가 '스펀지 눈썹'을 달아준) 버겐으로 완비한 몇 페이지의 스크랩북을 완성했다.

"전 과정이 뭐랄까, <프로젝트 런웨이>에 나오는 '소재의 통상적 용도를 이탈한 도전'처럼 느껴졌어요." 웡은 농을 떤다. "하지만 결과물을 보고서 아주 신이 났답니다."

정작 결과물을 본 두 감독의 반응은 '모든 게 너무 매끈하고 너무 어른스럽다'는 것이었다. "깔끔한 게 병인 제 성격이 반영돼서인지 첫 스크랩북은 너무 완벽해서 탈이었죠. <트롤>의 스토리를 규정하는 키치적인 유머는 사라지고 그저 아름답게만 표현된 스톱모션 애니메이션 같았으니까요."

미첼과 도른의 지시대로 아마추어적인 느낌을 살리기 위해 웡은 보다 옛날 방식으로 스크랩북을 꾸몄다. 수공예품점에서 볼만한 소재들을 적극 활용해 아기자기하게 장식도 하고 삽화도 그려넣자 더 자연스럽고 수공예품 같은 느낌의 스칸디나비안 룩이 완성되었다.

미첼이 바란대로 '손으로 일일이 만들었지만 후딱 만들어낸 느낌'을 살리기 위해 웡은 더 투박하고, 더 감각적이되, 어설퍼 보이게 작업 방향을 잡았다. "스크랩북의 스타일을 정한 후, 두 감독의 지시사항을 따르다 보니 일러스트레이터보다는 영화감독의 입장에서 더 많이 생각하게 되었고, 카메라의 방향, 무대, 장면 전환,애니메이션 효과에 신경을 써서 작업을 했죠. 결과적으로 더 잘된 거라 봐요."

새 페이지를 만들기 전에 웡은 확인용으로 동영상 GIF를 전송했고, 승인이 떨어지면 페이지를 완성해 사진을 찍어 '애프터 이펙트 아티스트팀'의 에릭 틸먼스에게 넘겼다. 틸먼스는 다양한 '애프터 이펙트' 기술을 써서 그 사진들을 애니메이션 영상으로 만들었다.

그렇게 98가지 색 펠트 1,751조각과 220장의 색종이로 꾸민 15페이지짜리의 <트롤> 스토리 스크랩북이 완성되었다. 그중에 웡이 가장 아끼는 건 '파피의 여행'이다. "색깔과 텍스처의 완벽한 조화 덕분에 버겐에게 침략당한 트롤 왕국을 실감나게 표현해냈어요."

**옆** 스크랩북 아트워크 • 프리실라 웡 / 사만사 트로번 촬영 **위에서 아래로** 스크랩북 세트 • 세바스티언 피켓 / 조명 키 • 피터 자슬라프 / 프리실라 웡의 바느질 • 사만사 트로번 촬영 / 웡의 스크린 • 사만사 트로번 촬영 / 프리실라 웡의 작업 • 사만사 트로번 촬영

위 스크랩북 아트워크 • 프리실라 윙, 사만사 트로번 촬영
옆 트롤 숲 섬유 미술 • 사유리 사사키 헤만, 사만사 트로번 촬영

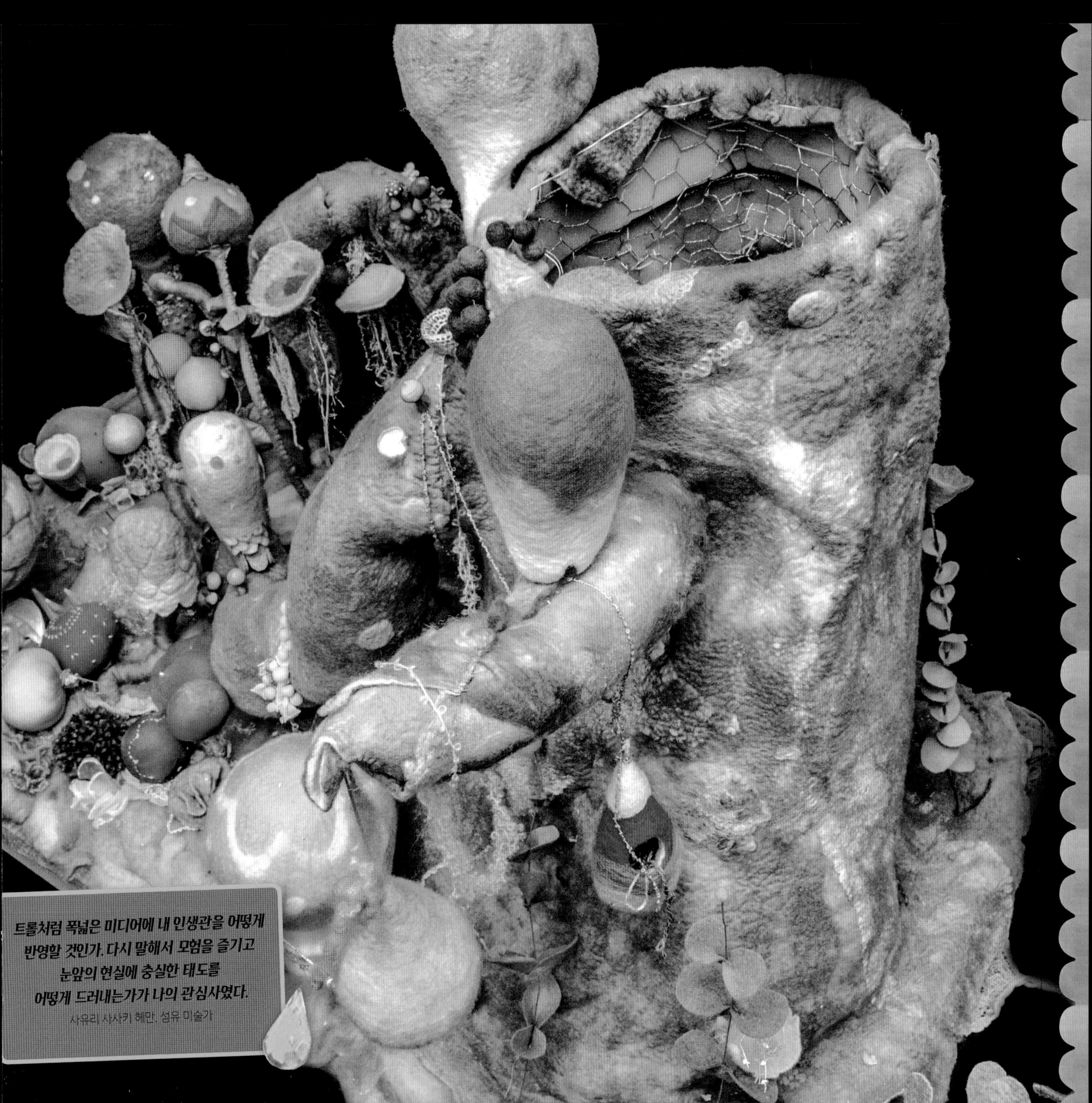

**트롤처럼 폭넓은 미디어에 내 인생관을 어떻게 반영할 것인가. 다시 말해서 모험을 즐기고 눈앞의 현실에 충실한 태도를 어떻게 드러내는가가 나의 관심사였다.**

사유리 사사키 헤만, 섬유 미술가

# 파피

파피는 인기 만점의 트롤 공주다. 쾌활하고 더없이 낙천적이다! "파피는 <트롤>의 구심점이에요." 제작자 지나 샤이가 설명한다. "모든 트롤이 부러워하는 성격의 소유자죠."

트롤의 왕 페피의 딸인 파피에겐 공주로서의 의무가 있지만 어렵지 않다. 모든 트롤을 (20년 동안 한 번도 본 적 없지만) 버겐에 맞서 지키고 행복을 선사하는 것!

감독 마이클 미첼은 저돌적이고 전염성 강한 신념의 행동파 파피는 '우리가 아는 공주하고는 완전히 딴판'이라고 말한다.

파피 캐릭터에 생기를 불어넣은 건 오스카 후보이기도 했던 안나 켄드릭이다. "처음부터 켄드릭으로 낙점했어요." 미첼은 말한다. "연기력이 뛰어난 것도 있지만 목소리가 정말 근사하니까요. 그녀가 노래를 부르면 꼭 마법 같아요."

공동 감독 월트 도른도 한마디 거든다. "더군다나 켄드릭 특유의 삐딱한 유머 감각이 파피의 개성을 더욱 부각시켜줬어요."

파피의 룩 디자인은 그녀만의 개성을 파악하는 것에서 출발했다. "두 감독의 설명에 따르면 파피는 혈기왕성하고 영민하고 하늘이 무너져도 희망을 잃지 않는 성격이에요. 낙천적인 기질로 따지면 너무 지나쳐 흠이 될 정도로." 아트 디렉터이자 캐릭터 디자이너인 티모시 램이 말한다.

램은 캐릭터 디자이너 크레이그 켈먼이 최초로 디자인한 파피 룩에서 착안해 파피의 독보적인 개성을 트롤의 전반적인 룩으로 표현할 수 있었다고 말한다. "<트롤>에서 파피는 공주지만, 생김새를 예쁘장하게 다듬거나 성격을 전통적인 여성상에 맞추고 싶진 않았어요. 파피는 톡톡 튀고 부담스러울 만큼 다정다감하고 허술한 데가 있으면서도 개인주의적이죠. 그러니 유머 감각이 뛰어나고, 또 고전적인 공주 상을 뒤집어주길 바랐어요."

'파피 핑크!'는 파피를 상징하는 색으로, 아무도 못 말

**왼쪽** 영민하고 귀여운 파피 • 티모시 램
**위** 파피 • 세바스티언 피켓
**아래** 아기 파피 • 티모시 램

리는 파피 특유의 낙천주의를 전파한다. 이외에도 제작진은 파피의 톡톡 튀는 성격을 부각시키기 위해 파피의 옷과 헤어스타일에 지대한 공을 들였다. ("헤어스타일이 절대적인 관건이었어요." 제작자 지나 샤이는 말한다.) 다른 매체의 파격적인 여성상에서 몇몇 특징을 따오기도 했다. 램의 설명을 들어보자. "파피가 갈수록 삐삐 롱스타킹이나 펑키 브루스터로 보이는 거예요. 파피의 포니테일 형 머리도 펑키를 본뜬 거라고 생각해요. 꼭 폭발하는 화산 같지 않나요!"

파피 캐릭터 개발 • 크레이그 켈먼

***파피의 포니테일 머리는 마치 분홍색 머리카락으로 이루어진 화산이 폭발하는 것 같다.***
티모시 램, 아트 디렉터 & 캐릭터 디자이너

파피 캐릭터 개발 • 티모시 램
**컬러 삽화** 새로운 색깔을 입힌 파피 • 크레이그 켈먼

위 파피 의상 • 닉 핸더슨 아래(왼쪽) 짜증내는 파피 • 티모시 램 아래(가운데) 슬퍼하는 파피 • 티모시 램 아래(오른쪽) 자신감 넘치는 파피 • 티모시 램

파피의 여러 표정과 포즈 • 프리실라 웡, 티모시 램

***행복은 우리 모두의 마음속에 있어.***
***내 마음속 행복을 찾아내려면***
***누군가의 도움이 필요할 때도 있지.***
파피

파피의 옷과 포즈들 • 티모시 램
파피 캐릭터 최종 결정판 • 드림웍스 애니메이션

# 브랜치

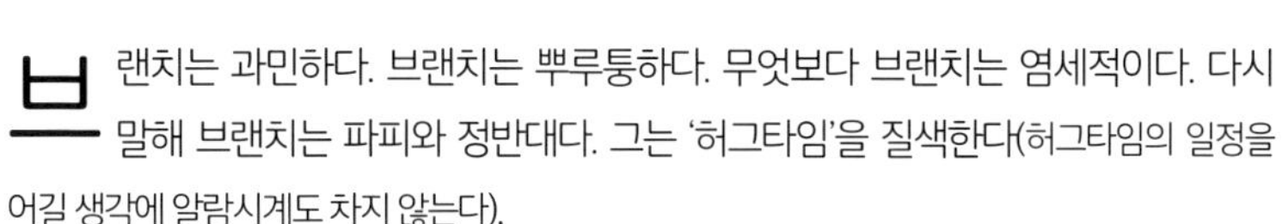

브랜치는 과민하다. 브랜치는 뿌루퉁하다. 무엇보다 브랜치는 염세적이다. 다시 말해 브랜치는 파피와 정반대다. 그는 '허그타임'을 질색한다(허그타임의 일정을 어길 생각에 알람시계도 차지 않는다).

'색깔'이 없는 브랜치는 트롤 종족이 수십 년이 넘도록 평화롭게 살아왔음에도 언제고 버겐 족에게 발각될 거라 믿어 의심치 않는다.

그런 브랜치의 목소리를 맡은 장본인이 연예계에서 둘째가라면 서러울 정도로 활력 넘치는 아티스트이며 그래미상과 에미상을 여러 차례 수상한 저스틴 팀버레이크라니 얄궂기도 하다. 제작자 지나 샤이는 그를 입에 침이 마르도록 칭찬한다. "저스틴은 정말 기발한 아이디어로 <트롤>의 일등 공신 역할을 해냈어요."

파피 룩을 확정하고 나니 그다음에 브랜치 룩을 정하는 건 상대적으로 수월했다. 브랜치는 하나부터 열까지 파피와 정반대의 캐릭터다. 브랜치는 자신의 열정을 숨기고 안으로 삭인다. 어떤 일이 있어도 쾌활한 파피와 염세적이고 냉소적인 브랜치는 뚜렷한 대조를 이룬다.

아트 디렉터이자 캐릭터 디자이너인 티모시 램이 브랜치를 구상했을 때를 돌이켜보며 말한다. "제가 본 브랜치는 생존주의자, 다른 트롤을 피해 숨어 사는 반사회적 은둔자였어요. 그렇게 이해하니 내러티브를 뒷받침할 디자인이 금방 떠오르더군요. 나뭇잎을 엮어 만든 옷이 딱이었죠."

트롤은 겁을 먹거나 슬퍼지면 색깔이 어두워진다. 브랜치의 색깔은 언제 어디서나 더없이 칙칙하고 어두워서 주변 색과 구분이 되지 않고 잘 보이지 않는다. 주변과 하나가 된 브랜치는 수렵 채집을 위한 새총과 서바이벌 킷이 든 백팩을 짊어지고 다닌다.

파피 때와 마찬가지로 브랜치도 디자인으로 성격을 드러내야 한다는 게 제작진의 목표였다. 그래서 형태와 색깔에서 파피와 확연히 대조시키는 쪽으로 방향을 잡았다. 파피는 가장 높은 채도의 핑크와 난색 계열로 칠한 반면, 브랜치의 팔레트는 검은색에 가까운 회색 계열의 칙칙한 초록색이나 서늘한 자주색으로 강조했다. 브랜치는 헤어스타일도 다른 트롤 친구들보다 매우 짧은 편이다. 디자인은 브랜치의 성격을 정하는 과정에도 영향을 끼쳤다. 램은 파피가 '폭발한 화산 머리'라면 브랜치는 '속에서만 끓고 있는 화산 머리'라고 말한다.

공동 감독 월트 도른의 추가 설명을 들어보자. "알록

브랜치 스냅샷과
옷 입은 브랜치• 티모시 램

달록하고 환한 색감에 긍정적인 분위기에 시종일관 음악이 흐르는 영화니 브랜치 같은 캐릭터가 하나쯤은 필요했어요. 파피를 비롯한 트롤들과 다른 시선으로 세상을 바라보는 캐릭터요."

브랜치는 트롤 마을에선 편집증적인 생존주의자로 낙인이 찍힌 존재였다. 믿어주는 트롤 하나 없었지만 그는 버겐이 언제고 트롤을 위협할 수 있다고 생각한 유일한 트롤이었다. 아직 십대인데도 그는 사는 낙이 전혀 없는 데다, 최악의 상황에 대비하겠답시고 늘 신경을 곤두세우고 있다. 그러느라 즐거운 게 어떤 건지도 잊은 채 마냥 좋은 게 좋은 다른 트롤들을 보며 심난해한다.

영화 중반에 브랜치는 그간 매달려 있던 사고방식을 버리고 내면에 억눌려 있던 행복한 트롤을 받아들이는 도전에 처한다. 그래서 화끈한 노래와 춤사위 한판을 벌여야 한다니 그에게 그보다 더 큰 악몽이 있을까! 브랜치는 과연 파피의 도움으로 강박을 버리고 햇살 가득한 행복을 받아들이는 법을 터득하게 될까?

다양한 표정의 브랜치 • 티모시 램

**파피와 브랜치를 비롯한 모든 트롤들의 색을 선정하는 데 신중에 신중을 기했다. 우리는 채도가 높고 다양한 색이 이 행복한 꼬마 종족을 가장 잘 대변해줄 것임을 알았다.**

티모시 램, 아트 디렉터 & 캐릭터 디자이너

브랜치 캐릭터 개발 • 크레이그 켈먼

**맨 위(왼쪽)부터 시계 방향**
수렵채집하는 브랜치 • 애브너 갤러
브랜치 표정 • 크레이그 켈먼
옷 입은 브랜치 • 티모시 램
백팩 스케치 • 애브너 갤러

**옆** 브랜치 스케치와 캐릭터 개발 • 크레이그 켈먼, 티모시 램 **현재 페이지** 브랜치와 파피 캐릭터의 최종 결정판 • 드림웍스 애니메이션

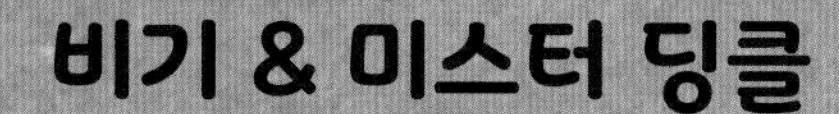

# 비기 & 미스터 딩클

비기는 위압적인 덩치에 안 어울리게 꼭 안아주고 싶게 여린 성격의 트롤이다. 감독 월트 도른이 말하는 비기는 이렇다. "고양이를 좋아하는 할머니하고 똑같다고 보면 돼요." 비기는 '스낵 팩' 멤버 가운데 가장 큰 덩치와 가장 큰 심장을 가졌다. 감동적인 순간, 해가 지는 풍경, 긍정적인 파피 앞에서 그는 눈물바다가 된다. 안 그래도 캐릭터 개발 초기의 비기 이름은 '뚱보 울보'였다.

비기의 자랑거리이자 기쁨이 있으니 애지중지 키우는 애벌레 '미스터 딩클' 되시겠다. 내로라하는 사진가이기도 한 비기는 미스터 딩클에게 사랑스럽고 앙증맞은 옷을 입히고 사진을 찍는 걸 가장 좋아한다.

비기 캐릭터에 생기를 불어넣은 배우는 영국의 제임스 코든이다. 그가 비기의 연기를 선보이자마자 제작진은 환호했다. 감독 마이클 미첼의 얘길 들어보자. "그가 녹음할 때 제가 번번이 NG를 냈어요. 그의 비기 연기를 보면 저도 모르게 큰소리로 껄껄 웃었거든요."

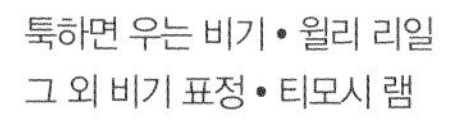

툭하면 우는 비기 • 윌리 리일
그 외 비기 표정 • 티모시 램

왼쪽 위 미스터 딩클의 모양 • 데이빗 버제스
미스터 딩클 • 티모시 램
아래 스낵 팩 라인업 • 월리 리일

## 스낵 팩

스토리를 구상해 나가면서 굵직한 조역들도 구체적인 모습을 갖추게 되었다. 파피는 두루두루 친하지만 보다 보면 가족처럼 막역한 친구들이 있다. 이에 제작진은 '스낵 팩'이라는 이름으로 그들을 묶었다. 혹시 '스낵 팩'이란 말에서 어딘지 모를 불온한 기운을 느꼈다면 바로 맞췄다. 스낵 팩은 심상치 않은 전조의 다른 이름이었으니….

왼쪽에서 오른쪽 방향으로 크릭, 브랜치, 파피, 스미지, 퍼즈버트, 패션 트윈즈, 비기와 미스터 딩클, 쿠퍼, 가이 다이아몬드, DJ 수키다.

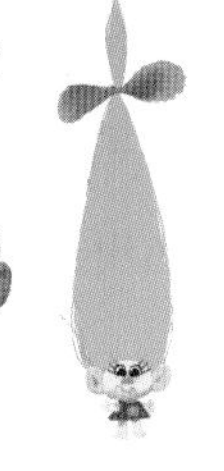
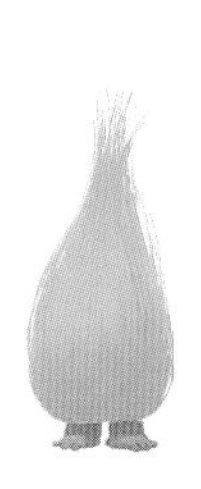

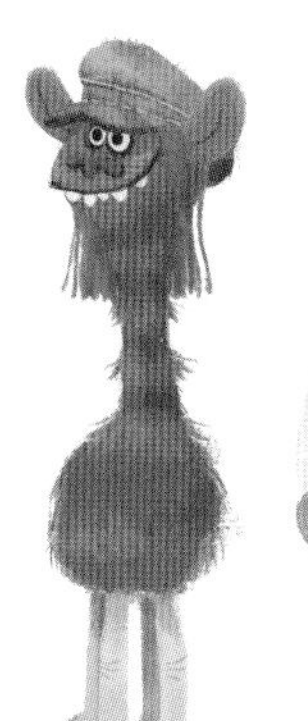

big guy,
easy cry
roughs
big guy
easy cry
expressions
the
lenny
pet
happy
sad
showing
teeth
baby
crying
happy sad
expressions

**옆**(왼쪽 위부터 시계 방향)
미스터 딩클 액자 • 애브너 겔러
미스터 딩클 스냅샷 • 티모시 램
비기와 미스터 딩클 • 윌리 리일
뚱보 울보 표정 • 윌리 리일
미스터 딩클 스냅샷 • 티모시 램
**현재 페이지** 비기, 미스터 딩클 캐릭터의 최종 결정판 • 드림웍스 애니메이션

## DJ 수키

파티를 열고 싶은 트롤이라면 DJ 수키를 찾아갈 것! 트롤 숲 자연의 소리를 활용해 디제잉을 하는 수키는 트롤 마을의 행사 때마다 귀뚜라미, 딱정벌레를 비롯해 여러 벌레 소리를 스크래칭하고 믹싱해서 짜릿한 분위기를 연출한다. 그래미 수상에 빛나는 그웬 스테파니가 자신의 팝 감각과 에너지, 스타일을 DJ 수키에게 전수했다.

DJ 표정 • 월리 리일

**왼쪽**(위) DJ • 윌리 리일
**왼쪽**(아래) DJ 표정 • 윌리 리일
**오른쪽** DJ 수키 캐릭터 최종 결정판 •
드림웍스 애니메이션

# 새틴 & 셰닐

스낵 팩이 자랑하는 패션 디자이너 새틴(분홍)과 셰닐(파랑)은 해박한 패션 지식을 바탕으로 특별한 행사 때 파피가 입을 옷을 고르는 데 큰 도움을 준다. 오트쿠튀르 런웨이부터 최신 스트리트 트렌드까지 두루두루 섭렵한 이 '패셔니스타 쌍둥이'는 밝은 색깔의 머리가 서로 고리처럼 연결되어 있다.

스웨덴의 일렉트로팝 듀오 아이코나 팝의 카롤린 옐트 & 아이노 야고가 각각 새틴과 셰닐의 목소리를 연기했는데 가히 텔레파시로 교감하는 것 같은 자매애를 발휘했다. 감독 마이크 미첼은 이렇게 말한다.

"새틴과 셰닐과 마찬가지로 옐트와 야고도 한쪽이 말을 다 못 맺으면 다른 쪽이 대신 마무리해주더라고요."

***이 쌍둥이 자매를 위한 영감의 원천은 하라주쿠 패션이다. 특별한 일이 있을 때마다 옷을 갈아입는 것도 재미있겠다는 생각도 했다. 가령 버겐 족에게 생포됐을 때 오렌지색 죄수복으로 갈아입는다는 식으로. 하지만 재미삼아 해보기엔 비용이 너무 많이 든다는 걸 알게 됐다.***

켄달 크롱카이트 셰인들린, 제작 디자이너

**왼쪽** 새틴 & 셰닐 • 멜리사 김
**가운데** 패션 쌍둥이 개발 • 프리실라 웡
**오른쪽** 새틴 & 셰닐 캐릭터의 최종 결정판 • 드림웍스 애니메이션

가운데 패션 쌍둥이 • 켄달 크롱카이트 셰인들린
그 외 패션 쌍둥이 • 윌리 리일

# 가이 다이아몬드

1960년대에 태어나 전설이 된 트롤 인형들에게 경의를 표하고자 제작진은 벌거벗은 트롤 캐릭터를 넣기로 했다. "동네 친구 가이 다이아몬드는 '벌거벗은 반짝이 트롤'이에요." 감독 마이크 미첼이 말한다. <빅뱅이론>의 쿠널 나이어가 목소리 연기를 맡은 가이 다이아몬드는 미첼의 말을 따르면 '걸어다니는 파티'이자, 사적인 공간에 대한 나름의 소신을 지키며, 감당하기 힘들 정도로 자신만만한 트롤이다.

가운데(위) 반짝이 트롤 • 티모시 램
그 외 벌거벗은 반짝이 트롤들 • 윌리 리일

**왼쪽**(위) 반짝이 트롤 얼굴 표정 • 티모시 램
**왼쪽**(아래) 치어리더 헤어 스타일 • 애브너 겔러
**오른쪽** 가이 다이아몬드 캐릭터의 최종 결정판 • 드림웍스 애니메이션

## 쿠퍼

복슬복슬한 기린 같은 생김새에 영원히 미소지을 것 같은 표정의 쿠퍼는 단연코 스낵 팩 멤버 중에서 가장 특이한 친구다. 뒤처지는 지성을 무한한 열정으로 상쇄한다.

"쿠퍼를 디자인할 때가 제일 즐거웠어요." 아트 디렉터이자 캐릭터 디자이너인 티모시 램은 말한다. "맨 처음 콘셉트 스케치에서 쿠퍼는 뜬금없이 탭댄스를 춰대는 기린이었어요. 우편배달부이기도 했고요."

트롤 인형의 역사를 공부하던 중에 램은 '동물' 피규어 라인 하나를 발견했고, 코끼리와 거북과 기린을 보게 되었다. "기린 인형이 정말 익살맞게 생겨서 그 후로도 계속 생각나더군요. 결국 그 인형들을 응용해 디자인을 시작하게 됐어요. 최초의 버전이 영화까지 갔어도 좋았겠지만 그래도 쿠퍼는 마지막에 완성된 것이 최고라고 생각해요."

쿠퍼 캐릭터 개발 • 티모시 램

**왼쪽**(위, 아래) 쿠퍼 캐릭터 개발 • 티모시 램
**오른쪽** 쿠퍼 캐릭터의 최종 결정판 • 드림웍스 애니메이션

***뛰어난 캐릭터라면 그간 참 많이 만들어냈지만 개인적으로 내가 제일 좋아하는 캐릭터 중 하나가 쿠퍼다. 티모시 램의 디자인은 독보적이라고 생각한다.***

찰스 엘리슨, 모형 제작부장

# 크릭

차분하고 냉철하고, 이지적이며 유능한 크릭은 초연하고 선불교적인 분위기를 풍기며 자신의 신조를 설파한다. 필요 이상으로 데면데면하게 굴던 그가 파피 패거리의 뒤통수를 칠 줄이야. (스포일러 주의!)

크릭은 자기와 트롤 공동체 중에서 하나를 골라야 할 때 어두운 본색을 드러낸다. "스토리상 파피가 자신의 긍정성에 대해 회의를 품게 만들 캐릭터가 필요했어요." 감독 마이크 미첼이 설명한다. "크릭이 자기만 살려고 트롤 친구들을 셰프에게 팔아넘길 때, 파피는 대단히 심각한 고비를 맞게 되죠."

크릭 캐릭터 개발 • 티모시 램

**왼쪽**(위, 아래) 크릭 캐릭터 개발 • 티모시 램
**오른쪽** 크릭 캐릭터의 최종 결정판 • 드림웍스 애니메이션

# 스미지

스미지는 십대 소녀지만 충격적이리만큼 그윽한 바리톤 음성을 소유했다. 그녀에게 목소리를 제공한 건 다름 아닌 감독 월트 도른이다. 스미지의 취미는 역도, 스웨덴 데스메탈 음악 감상과 코바늘 뜨개질이다.

"스미지는 시도 때도 없이 유쾌한 때에 불쑥 튀어나오는 감초 역할을 한답니다." 도른은 말한다.

**왼쪽**(위) 스미지 색깔 테스트 • 티모시 램 **왼쪽**(아래), **가운데**(아래) 스미지의 표정 • 티모시 램 **가운데**(위) 스미지의 표정 • 윌리 리일 **오른쪽** 스미지 캐릭터의 최종 결정판 • 드림웍스 애니메이션

# 퍼즈버트

*퍼즈버트는 머리털과 발이 몸의 전부다.*
마이크 미첼, 감독

머리부터 발끝까지 수수께끼에 싸여 있는 알쏭달쏭한 퍼즈버트는 온몸이 머리털로 덮여 있다. "머리털 속에 뭐가 있을지 저희도 궁금할 때가 있어요." 감독 마이크 미첼이 말한다. "필요한 건 다 들어 있을지도 몰라요. 스누피의 개집이 그랬잖아요?"

퍼즈버트는 후두움을 써서 말한다. "영화 내내 딸깍딸깍, 딱딱, 으르렁으르렁거리면서 자기 말을 알아듣겠거니 하는데 실제로 트롤 친구들은 다 알아듣는답니다." 퍼즈버트 목소리를 연기한 월트 도른의 말이다.

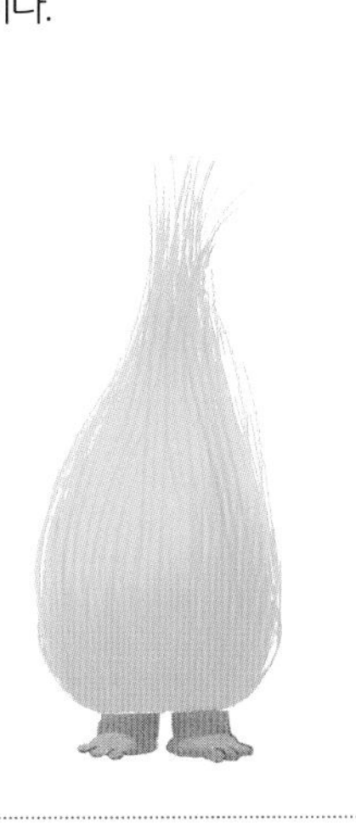

왼쪽(위) 퍼즈버트 • 티모시 램 오른쪽 퍼즈버트 캐릭터의 최종 결정판 • 드림웍스 애니메이션
왼쪽(아래) 시청 • 대니 랭스턴

위 피리 • 프리실라 웡
오른쪽 퍼즈버트 • 티모시 램

# 페피 왕

트롤의 용맹한 지도자인 페피 왕은 수십 년 전, 횃불을 들고 백성들을 인도해 버겐 타운을 탈출했다. 그의 영웅적 행위와 무용담은 트롤 전설의 단골 소재다. 지혜의 말로 듣는 이를 감동시키는 페피 왕은 트롤 왕국에 행복과 안녕의 새 시대를 열었다. 바야흐로 통치 20년을 맞이한 지금, 페피 왕은 그가 들었던 횃불을 딸 파피에게 넘겨주려 한다.

가운데(왼쪽) 페피 왕 • 티모시 램 **맨 위** 페피의 엉덩이 • 애브너 겔러 **가운데(오른쪽)** 나이 든 페피 • 티모시 램 **아래** 여러 단계의 페피 • 티모시 램

*〈트롤〉의 가장 멋진 점은*
*CG처럼 보이지 않는 자연스러움이다.*
*손으로 일일이 만든 것 같은 분위기는*
*경외심마저 불러일으킨다.*

월트 도른, 공동 연출

**왼쪽** 페피 왕 • 티모시 램
**오른쪽** 페피 왕 캐릭터의 최종 결정판 • 드림웍스 애니메이션

# 브랜치네 할머니

과거를 회상하면서, <트롤>은 브랜치의 어릴 적 기억을 찾아 나선다. 그다지 유쾌하다고 말하긴 힘들지만 브랜치의 현재를 이해할 만한 단서를 던져준다.

세상의 근심 같은 건 전혀 알지 못했던 그 시절의 어느 날, 브랜치는 목청껏 노래를 부르고 있었다. 노래를 부르는 데 열중하느라 버겐이 다가오는 것도 눈치채지 못할 정도로. "버겐이 브랜치를 잡으려고 덮쳤지만 용감한 로지퍼프가 적시에 그를 밀쳐 위기를 모면하게 됩니다. 하지만 대신 붙잡히고 말죠." 제작자 지나 샤이의 설명이다.

당연하지만 그 일은 어린 트롤에게 깊은 상처를 남기며 뇌리에 각인되고 만다. 브랜치는 다시는 노래를 부르지 않겠다고 결심하고 지하 벙커에 은신하며 외롭게 살아간다.

티모시 램이 디자인한 로지퍼프는 아낌없이 사랑을 베푸는 살갑고 인정 많은 할머니의 귀감이다.

"브랜치의 할머니 로지퍼프는 <트롤> 제작진의 인기를 한 몸에 모으고 있는 캐릭터예요." 마이크 미첼 감독은 말한다. "모든 트롤이 기꺼이 할머니로 삼고 싶어 할 정도로 근사하죠."

로지퍼프 할머니의 디자인은 <트롤> 제작 초반에 설정한 극악무도한 변절자인 미스 거핀의 디자인을 재가공해 만들어냈다. 제작자 지나 샤이의 설명을 참고할 것. "미스 거핀은 파피의 멘토였다가 2막의 마지막에 갑자기 파피를 공격하는 변절자였어요. 처음 이미지를 너무 매력적이고 익살맞게 만들어서인지 그녀가 악한이 되는 반전을 누구도 견디질 못하더군요." 개발 단계에서 결국 크릭이 변절자의 역할을 맡게 되었고 미스 거핀은 로지퍼프 할머니가 되었다.

위 미스 거핀의 표정 • 티모시 램
아래 미스 거핀의 색깔 개발 • 티모시 램

**브랜치의 할머니 로지퍼프는 〈트롤〉 캐릭터 중**
**제작진에게 가장 인기 있는 캐릭터다.**
**모든 트롤이 할머니로 삼고 싶어 할 정도로 근사하다.**

마이크 미첼, 감독

위 미스 거핀 캐릭터 개발 • 티모시 램
가운데 미스 거핀 프로필 • 크레이그 켈먼
아래 미스 거핀 캐릭터 개발 • 크레이그 켈먼
오른쪽 로지퍼프 할머니 캐릭터의 최종 결정판 • 드림웍스 애니메이션

# 트롤 마을 주민들

### 하퍼

퀴벤저네이 윌리스가 연기한 화가 트롤 하퍼는 아트 디렉터이자 캐릭터 디자이너인 티모시 램의 손에서 탄생했다. "하퍼는 자기 머리털을 붓 삼아 그림을 그립니다." 제작자 지나 샤이가 말한다. "물감을 묻히지 않으려고 입은 작업복이 무색하게 온몸이 물감 범벅이죠."

**왼쪽** 화가 트롤 • 윌리 리일 **위** 화가 트롤 • 티모시 램 **오른쪽** 하퍼 캐릭터의 최종 결정판 • 드림웍스 애니메이션

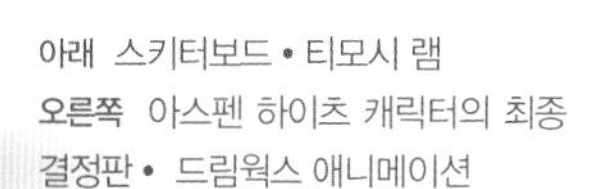

**아래** 스키터보드 • 티모시 램
**오른쪽** 아스펜 하이츠 캐릭터의 최종 결정판 • 드림웍스 애니메이션

### 카르마

캐릭터 디자이너 윌리 리일이 디자인한 카르마는 탐구적인 성격의 과학 매니아로, 자연계의 새로운 경이를 찾아 늘 두리번거린다.

**왼쪽** 카르마 캐릭터 최종 결정판 • 드림웍스 애니메이션
**아래** 과학 소녀 트롤의 표정 • 티모시 램

### 아스펜 하이츠

(로키산맥의 도시와 같은) 이름이 암시하듯 아스펜 하이츠는 트롤 마을과 인근 숲에서 가장 높은 나무들을 등반하길 좋아하는 트롤이다. 나무 꼭대기에 서식하는 벌레들은 그의 절친한 친구들이다. 스키터보드를 잘 타기도 해서 일명 '쌍무지개'라는 놀라운 기술을 구사할 줄 안다.

**시빌**

요가 수행자 시빌은 <트롤> 개발 단계 초기에 등장했지만 스토리상 크릭의 비중이 커지면서 결국 하차하게 됐다. “시빌의 요가와 선불교적인 요소 상당 부분이 이후 크릭의 캐릭터에 합쳐졌습니다.” 아트 디렉터이자 캐릭터 디자이너인 티모시 램의 설명이다.

**매디**

파피의 스타일리스트, 이미지 컨설턴트, 미용사, 헤어스타일과 메이크업 트렌드의 트렌드세터 파피 뒤엔 매디가 있다.

왼쪽 끝부터 시계 방향

매디 캐릭터 최종 결정판 • 드림웍스 애니메이션 / 헤어스타일리스트 트롤 • 윌리 리일 / 시빌 캐릭터 최종 결정판 • 드림웍스 애니메이션 / 구루 트롤 • 윌리 리일

# 트롤 마을 생물들

트롤 마을 주민들과 공생하며 트롤에겐 없어선 안 되는 존재인 생물들로 아트 디렉터이자 캐릭터 디자이너인 티모시 램이 디자인했다. “티모시가 디자인한 생물들은 매우 화려한 색깔을 자랑하며, 재미있고 독보적인 개성의 소유자들입니다.” 공동 연출 월트 도른은 칭찬을 아끼지 않는다. “비기의 반려 애벌레 미스터 딩클 디자인이 실질적으로 트롤 생물 전체의 디자인을 결정했어요.” 램이 설명한다. “미스터 딩클 디자인을 확정하고 나서야 우린 비로소 동일한 디자인 미학과 형태 언어에 부합하는 생물들의 세계를 구현할 수 있었으니까요.”

가령 홍채나 동공 없이 반짝이를 뿌린 안구, 색 지정에 있어 트롤과 유사한 공식을 적용하긴 했지만, 미술부의 노고 끝에 생물들은 자기만의 개성을 갖게 되었고, 트롤과 같은 장면에 나와도 더 튀려고 애쓸 필요가 없었다.

램은 ‘시퀀스 1100(84~85쪽 참조)’에 등장하는 생물들을 포함해 제정신이 아닌, 괴팍하고 놀라운 트롤 생물들을 무려 50종 가까이 디자인했다.

왼쪽(위) 제세동기 딱정벌레 • 티모시 램
왼쪽(아래) 서니 버니 • 아멜리 플레셰즈
오른쪽(위) 생물 • 티모시 램
오른쪽(아래) 송충이 • 티모시 램

***숲으로의 여행을 비롯해 트롤 왕국의 그 모든 것이 독특하고 참신하다. 파피와 브랜치가 거미와 대적한 후 걸어서 넘는 통나무 같은 사소한 소재의 디테일도 놓치지 않았다.***

데이먼 리즈버그, 캐릭터 효과 부장

**왼쪽**(위) 통나무 세트 • 세바스티언 피켓
**가운데**(위) 돌 디자인 • 세바스티언 피켓
**오른쪽**(위) 송충이 • 애브너 겔러
**오른쪽**(중간) 나무 생물 • 애브너 겔러
**왼쪽**(중간) 거미 • 티모시 램
**가운데** 대형 생물 • 티모시 램
**왼쪽**(아래) 나비 스키터 • 티모시 램
**오른쪽**(아래) 디제이 무대의 벌레 캐릭터 최종 결정판 • 드림웍스 애니메이션

# 트롤 왕국

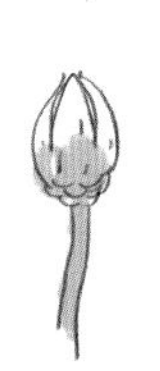
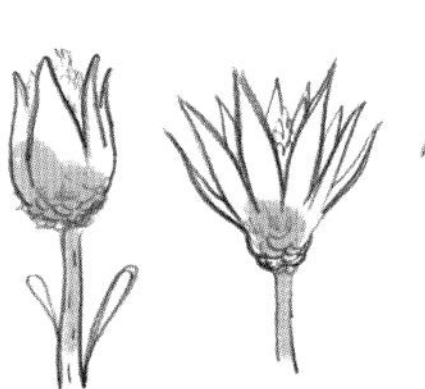

위 꽃받침 • 세바스티안 피켓 아래 트롤 마을 콘셉트 • 아멜리 플레셰즈 옆(위) 트롤 마을 • 리치 새실리오크 옆(아래) 트롤 마을 섬유 조소 • 사유리 사사키 헤만/ 사만사 트로번 촬영

트롤 왕국의 디자인과 룩은 텅 빈 슬레이트에서 출발했다. 초반엔 오리지널 트롤 인형이 인기의 정점을 찍었던 시절인 1970년대의 근사한 세계에서 영감을 얻었다.

제작자 지나 샤이가 그 배경을 설명했다. "두 감독과 켄달과 난 모두 1970년대에 성장기를 보냈거든요. 그래서 우리 모두 어렸을 적에 트롤 인형과 함께했던 시절을 기리고 인형의 기원인 스칸디나비아의 유산을 이어받는 생각에 갇혀 있었어요. 그런데 켄달이 70년대 스칸디나비아 수제 인형의 디자인 요소들을 잘 끌어들여 새로운 동화 스타일을 만들어냈어요."

스토리가 구체화되면서 제작진은 트롤들이 단순히 숲에 사는 존재 이상임을 깨닫게 되었다. 트롤은 생태계에 빼놓을 수 없는 구성원이었다. 크롱카이트 셰인들린은 이렇게 설명한다. "트롤은 숲의 일부로, 주변 환경과 조화를 이뤄 살아가는 생물이에요. 그래서 솜털같은 머리에 둥글둥글하고 포동포동한 형태 언어로 표현된 거예요. 스칸디나비아 디자인이 결국 환경에 통합되는 이유이기도 하고요."

트롤 세계의 룩을 연구하면 크롱카이트 셰인들린의 부서의 한 아티스트가 프랑스의 동화 일러스트레이터 아멜리 플레셰즈를 언급했다. 생기 넘치는 색감과 엉뚱한 데가 있는 캐릭터 디자인으로 정평이 난 플레셰즈는 순식간에 인기 많은 작가가 되었고, 오스카 후보에 올랐던 애니메이션 영화 <바다의 노래>에 콘셉트와 시각 디자인 아트워크를 제공하기도 했다.

"아멜리가 <트롤>의 콘셉트 디자인에 참여해달라는 의뢰를 수락해줘서 정말 기뻤지요" 크롱카이트 셰인들린은 말한다. 플레셰즈는 <트롤>의 비주얼 디벨롭 디자인을 위한 여섯 점의 일러스트를 그렸다.

트롤 세계의 시각 스타일을 결정한 후, 그 스타일을 3D로 바꾸는 방법을 찾아야했다. 첫 번째 단계에서 중요한 건 플레셰즈의 일러스트 특유의 엉뚱한 면모를 섬유 미술 테크닉과 조합해 CG로 가감 없이 구현하는 것이었다. 답은 펠트, 오간자, 섬유 조직 등 다양한 직물을 소재로 삼는 자칭 '종합 분야 전문 아티스트' 사유리 사사키 헤만과 손을 잡는 것이었다.

헤만은 빛이 모든 매개의 표면에 닿으면 반사된다는 점에 착안해 '섬유와 직물과 펠트로 완성한 해파리 수조'를 포틀랜드 공항에 설치했다. 이에 크롱카이트 셰인들린은 칭찬을 아끼지 않는다. "해파리들이 움직이는 걸 보면 최면에 걸린 기분이 들죠. 헤만이 택한 소재와 색감은 경이롭기까지 해요!"

크롱카이트 셰인들린은 아이오와 시티에 살고 있는 헤만에게 연락을 취했고, 사뭇 흥분한 목소리로 오로지 섬유만 써서 트롤 숲의 모형을 만들어보자고 제안했다. 헤만은 아멜리 플레셰즈의 비주얼 디벨롭 아트워크를 근거로 트롤의 세계를 가감 없이 묘사할 수 있는 색을 얻기 위해 한 달 동안 섬유와 직물을 염색했다. 크롱카이트 셰인들린은 말한다. "헤만은 셀 수 없이 많은 펠트와 편물과 매듭실 장식뿐만 아니라 온갖 봉제 기술을 동원해 기가 막힐 정도로 아름다운 작품을 만들어냈어요!"

헤만은 완성한 작품을 가지고 아이오와 시티에서 캘리포니아 레드우드 시티에 있는 드림웍스 캠퍼스까지 와서 스태프들을 만나는 열의를 보였다.

크롱카이트 셰인들린은 헤만의 '섬유 숲' 덕에 <트롤>의 디자인을 본격 가동할 수 있었다고 말한다. "1970년대 스칸디나비아 디자인과 함께 섬유 미술, 슬로 아트는 물론 손으로 만든 모든 게 절대적인 참고서가 됐어요. 트롤의 세계를 CG로 구현하는 일을 담당하는 모든 부서가 헤만의 모형을 면면히 관찰하며 철저히 분석했으니까요."

**햇빛을 받아 얼룩진 은은한 초록색과 파란색만 써서**
**트롤 마을과 숲을 표현했다. 그래야 그 안에 있는**
**트롤들의 화려한 색이 돋보일 테니까.**

티모시 램, 아트 디렉터이자 캐릭터 디자이너

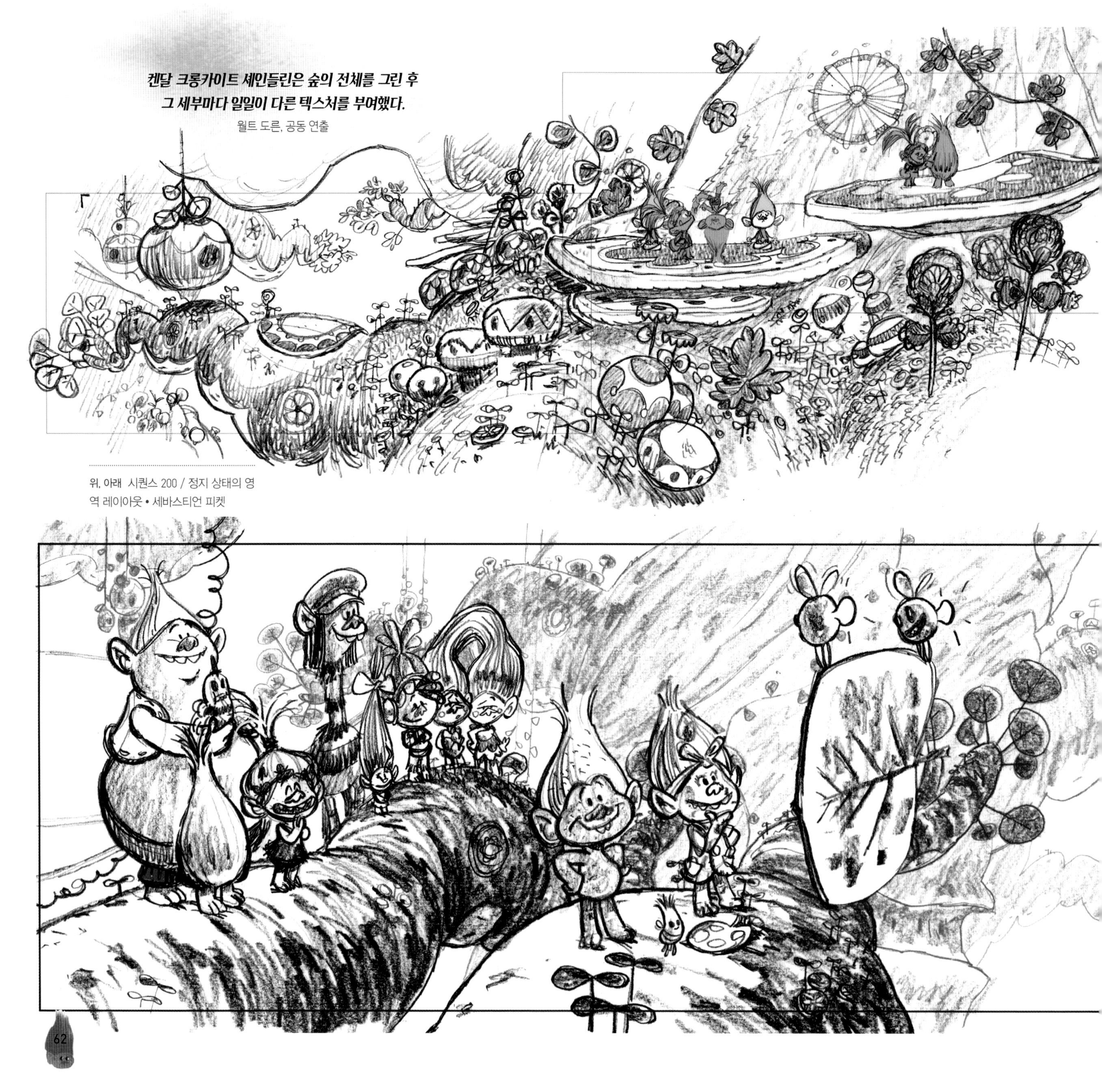

**켄달 크롱카이트 세인들린은 숲의 전체를 그린 후 그 세부마다 일일이 다른 텍스처를 부여했다.**

월트 도른, 공동 연출

위, 아래 시퀀스 200 / 정지 상태의 영역 레이아웃 • 세바스티언 피켓

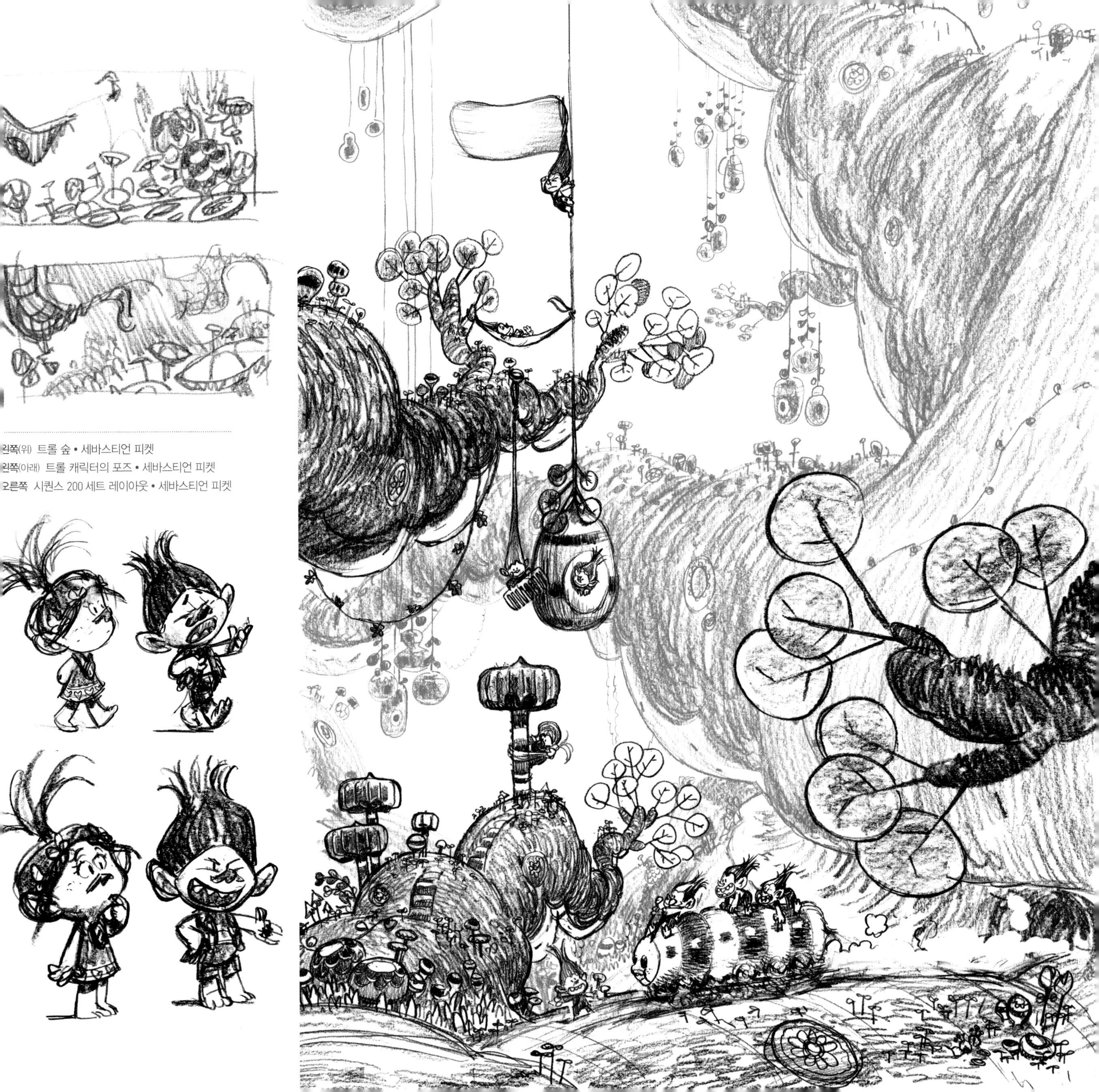

왼쪽(위) 트롤 숲 • 세바스티언 피켓
왼쪽(아래) 트롤 캐릭터의 포즈 • 세바스티언 피켓
오른쪽 시퀀스 200 세트 레이아웃 • 세바스티언 피켓

**왼쪽** 트롤 숲과 마을에 관한 아이디어 • 친 코
**오른쪽** 트롤 마을의 환경적 요소 • 켄 파크
**옆** 마을 숲 • 페리 메이플

**파피의 집** 트롤은 집부터 다리, 트램펄린, 활강 줄까지 모두 다 자신의 머리털로 만들며, 주변 환경에서 빼놓을 수 없는 요소로 연출한다. 파피의 집을 비롯한 다른 모든 트롤들의 집도 마찬가지다. 나뭇가지에 대롱대롱 매달린 고치 같은 게 사실 섬유와 머리털로 만든 '집'으로, 마치 꽃봉오리가 벌어지듯 열리며 생활 공간이 보인다.

"숲의 모든 것이 주변과 자연스럽게 어우러져 생태계의 일부처럼 보이길 바랐어요." 제작자 지나 샤이의 말이다.

위 파피의 집 • 카를로스 펠리페 레온
아래 패션 쌍둥이의 집 • 프리실라 웡

**패션 쌍둥이의 집** 패션 쌍둥이 새틴과 셔닐의 집은 파피를 최신 스타일로 변신시켜주는 최적의 안식처다. 직물과 뜨개실과 리본과 옷들이 보관되어 있는 이 고치 모양 집에서 트롤의 패션이 시작된다.

**에어로빅 운동장** 트롤 마을의 다른 모든 것과 마찬가지로 운동 역시 트롤의 웰빙 라이프 스타일을 추구하는 천연소재로 만들어져 있다. 감독 마이크 미첼은 이렇게 설명한다. "모든 트롤에게 중요한 모낭 강화 운동을 기준으로 삼는 게 당연하지 않겠어요?"

위 에어로빅 운동장 • 카를로스 펠리페 레온
아래 댄스 파드 조명 키 • 피터 자슬라프

**댄스 광장** 트롤 마을에선 매일 파티가 열린다. 그러니 댄스 플로어가 있어야 하지 않을까? 원근감과 깊이를 강조한 디자인 덕에 모든 댄스 플로어마다 각양각색의 트롤들이 각자의 장기를 발휘해 노래하고 춤추는 걸 구경할 수 있다!

# 브랜치의 지하 벙커

과대망상에 시달리다가 세상을 등지게 된 브랜치는 다른 트롤과 가급적 멀리 떨어져 산다. 제작 디자이너 켄달 크롱카이트 셰인들린은 그런 브랜치를 이렇게 해석한다. “동네 변두리에서 사는 기인이죠.”

자나 깨나 두려움을 떨치지 못하는 브랜치는 버겐이 언제고 트롤 마을을 덮칠 거라는 생각에 급기야 지하에 숨어 살게 되었다. 말 그대로 땅 밑에서.

거대한 바윗돌 밑에서 은신처를 구한 그는 직접 ‘지하 벙커’를 지었고 10년은 족히 버틸 수 있는 온갖 저장품을 비축해놓았다.

지하 벙커는 브랜치가 자기를 지킬 수 있도록 벽을 파서 만든 방들과 갈라진 틈새기들이 인상적으로 복잡하게 얽혀 있는 구조다. 아멜리 플레셰즈는 비주얼 디벨롭 초반에 브랜치 벙커의 단면도를 만들어냈고, 이는 곧 <트롤>에 등장하는 모든 보금자리와 터널의 단면도를 만드는 데 절대적인 지표가 되었다. 감독 마이크 미첼은 말한다. “세트 단면도에 언제나 관심을 갖고 있었어요.”

아이디어를 얻기 위해 미첼은 <레이디스 맨>과 <스티브 지소와의 해저 생활> 같은 영화의 혁신적인 세트 디자인을 눈여겨보았다. “엘리베이터가 특히 그렇지만, 브랜치의 벙커 내부를 설계하면서 트롤의 세계에서 통하는 언어로 일관되게 소통할 수 있었습니다.”

트롤들이 뿌리 터널을 통해 탈출할 때, 그리고 브리짓이 사는 지하실이자 설거지를 하는 토굴로 청승맞은 여행을 떠날 때도, 스토리팀과 아티스트들은 단면도 테크닉에 의존했다.

셰프의 침입으로 최악의 악몽이 현실이 되자, 파피는 그의 벙커로 몸을 숨긴다. 그녀는 절박한 심정으로 함께 트롤을 구하러 가자고 설득하지만 그는 듣지 않는다. 처음에는.

파피가 마을의 트롤을 모두 브랜치의 지하 벙커로 초대하자, 브랜치는 두 가지 선택의 기로에 서게 된다. 이들과 함께 벙커에서 살아야 하나? 아니면 파피와 함께 구조에 나설까? 그는 후자를 선택하게 된다.

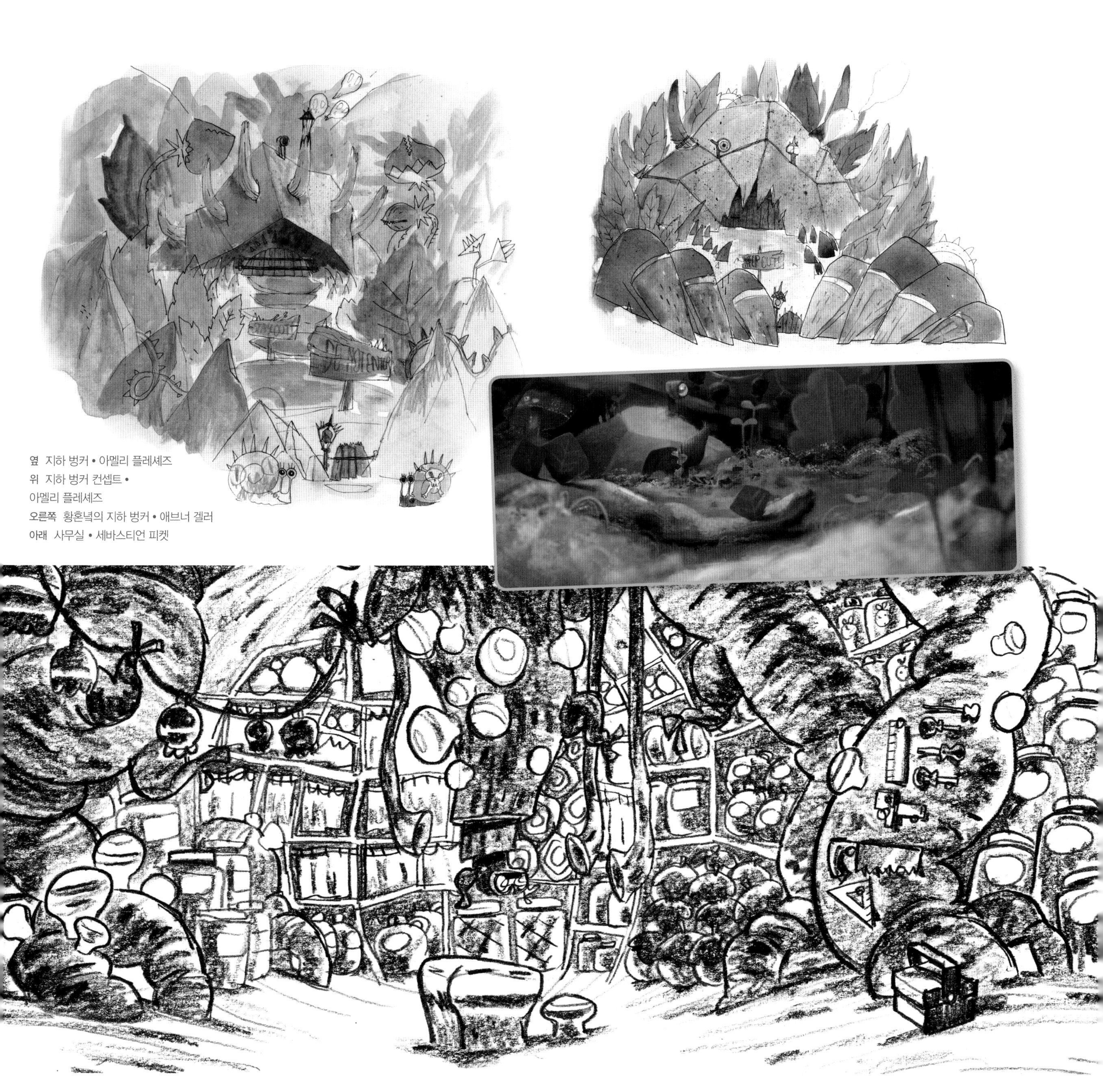

**옆** 지하 벙커 • 아멜리 플레셰즈
**위** 지하 벙커 컨셉트 • 아멜리 플레셰즈
**오른쪽** 황혼녘의 지하 벙커 • 애브너 겔러
**아래** 사무실 • 세바스티언 피켓

# 파피의 여행

친구들을 구하겠다는 일념으로 미지의 세계로 여행을 떠난 파피는 트롤 왕국에서 버겐 타운까지 가게 된다.

가는 도중 파피와 브랜치는 온갖 곳들을 거친다. 끝없이 바뀌는 여정을 묘사하기 위해 아티스트들은 트롤 세계를 구심점으로 삼으면서 점차 주변 환경의 디자인을 바꾸는 방법을 모색했다. 전반적인 디자인 미학을 정한 건 제작 디자이너 켄달 크롱카이트 셰인들린이었다. 감독 마이크 미첼이 설명한다.

"파피는 스물일곱 개의 제각기 다른 곳을 여행하게 됩니다. 각 장소마다 딱 두 가지 색깔만 섞었어요. 켄달과, 티모시 램, 비주얼 디벨롭 아티스트인 세바스티언 피켓, 애브너 겔러는 정말 놀라운 일을 해냈죠."

파피의 여행이 끝나는 곳은 비주얼 디벨롭 아티스트인 레이텔 티엡 대니얼스가 아름다운 거미줄이자 통나무로 세트를 디자인했고 세바스티언 피켓이 색과 조명을 담당했다.

위 단계별 파피 • 티모시 램 가운데(왼쪽) 트롤 마을을 떠나는 장면의 색상 키 프레임 • 티모시 램 가운데(오른쪽) 트롤 스냅샷 • 티모시 램 아래 여행의 순간 • 세바스티언 피켓

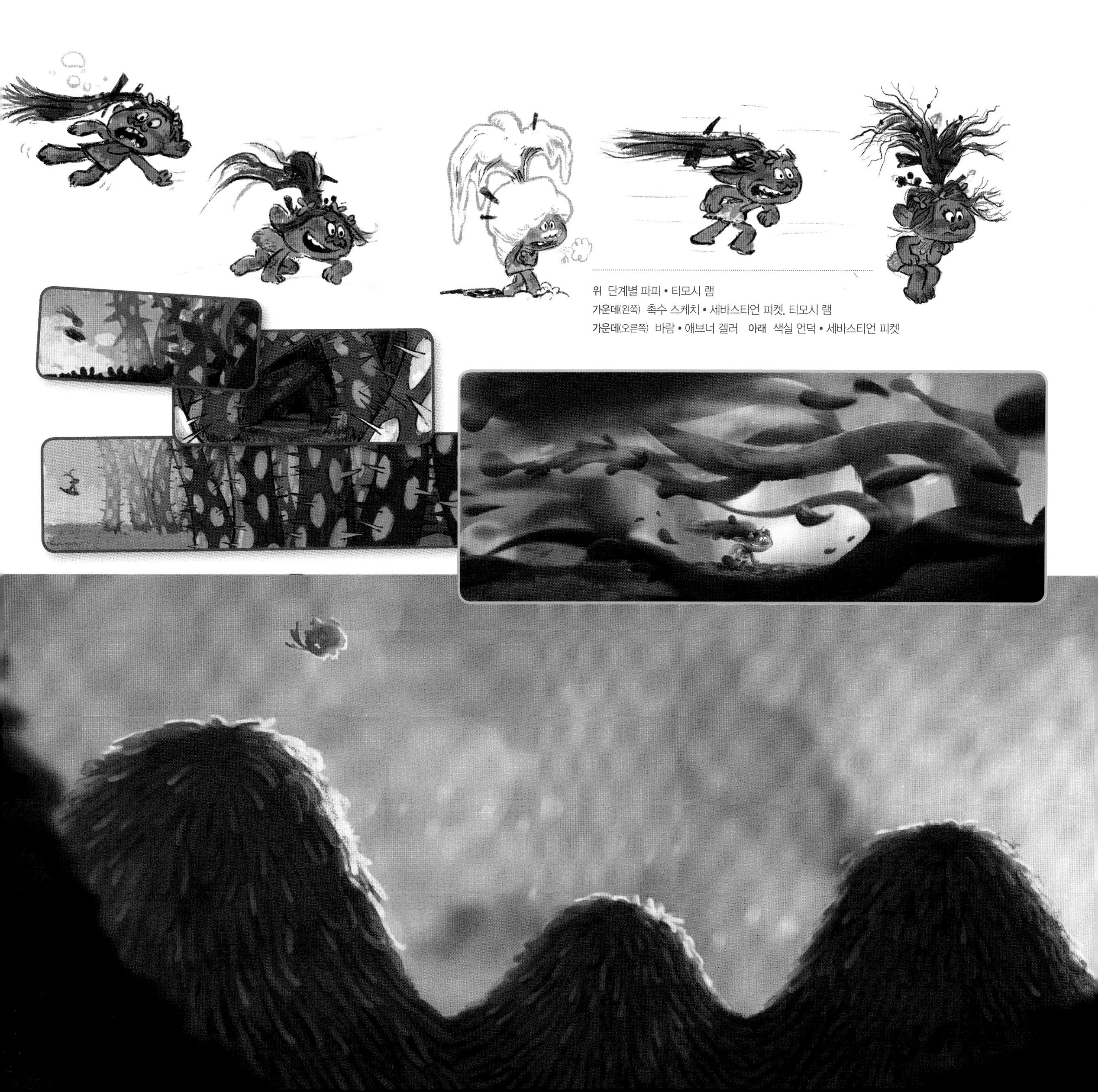

위 단계별 파피 • 티모시 램
가운데(왼쪽) 촉수 스케치 • 세바스티언 피켓, 티모시 램
가운데(오른쪽) 바람 • 애브너 겔러 아래 색실 언덕 • 세바스티언 피켓

**옆**(왼쪽) 여행 컨셉트 • 아멜리 플레셰즈
**옆**(오른쪽 위) 트롤 스냅샷 • 티모시 램
**옆**(오른쪽 아래) 브랜치와 발자국 • 아멜리 플레셰즈
위 불의 풀 • 티모시 램, 세바스티언 피켓
**아래**(오른쪽) 엄마 새와 아기 새들 • 티모시 램
**아래**(왼쪽) 수색전을 펼치는 새들 • 세바스티언 피켓

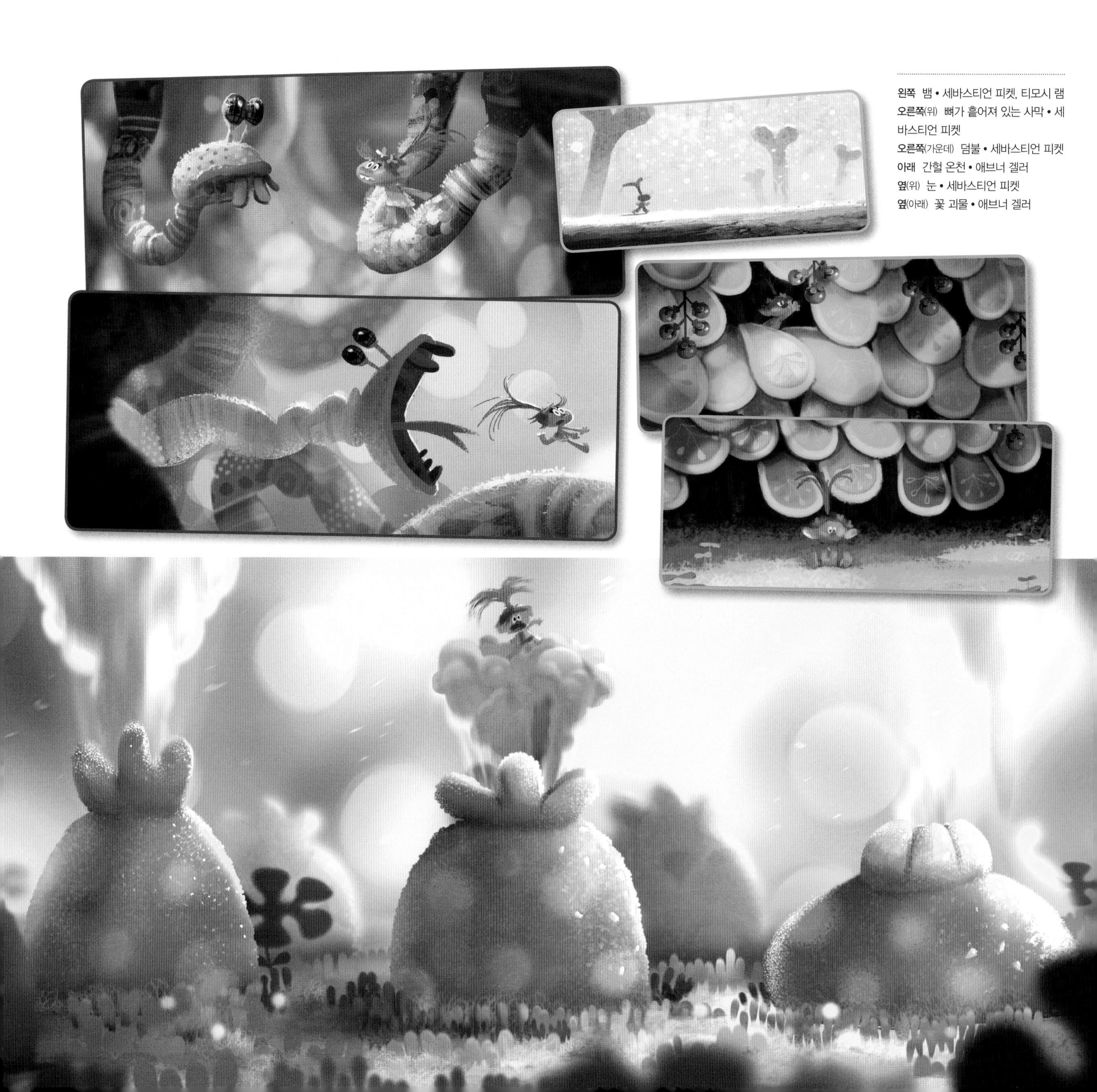

**왼쪽** 뱀 • 세바스티언 피켓, 티모시 램
**오른쪽**(위) 뼈가 흩어져 있는 사막 • 세바스티언 피켓
**오른쪽**(가운데) 덤불 • 세바스티언 피켓
**아래** 간헐 온천 • 애브너 겔러
**옆**(위) 눈 • 세바스티언 피켓
**옆**(아래) 꽃 괴물 • 애브너 겔러

**왼쪽부터 시계 방향** 수색전을 펼치는 비 A • 세바스티언 피켓 / 수색전을 펼치는 비 B • 세바스티언 피켓 / 퐁당 튀는 비 • 세바스티언 피켓 / 겨울 • 세바스티언 피켓 / 크리스탈 동굴 • 티모시 램 / 스케치 • 세바스티언 피켓 **옆**(위) 언덕 괴물 • 애브너 겔러 **옆**(아래) 언덕 괴물 B • 애브너 겔러

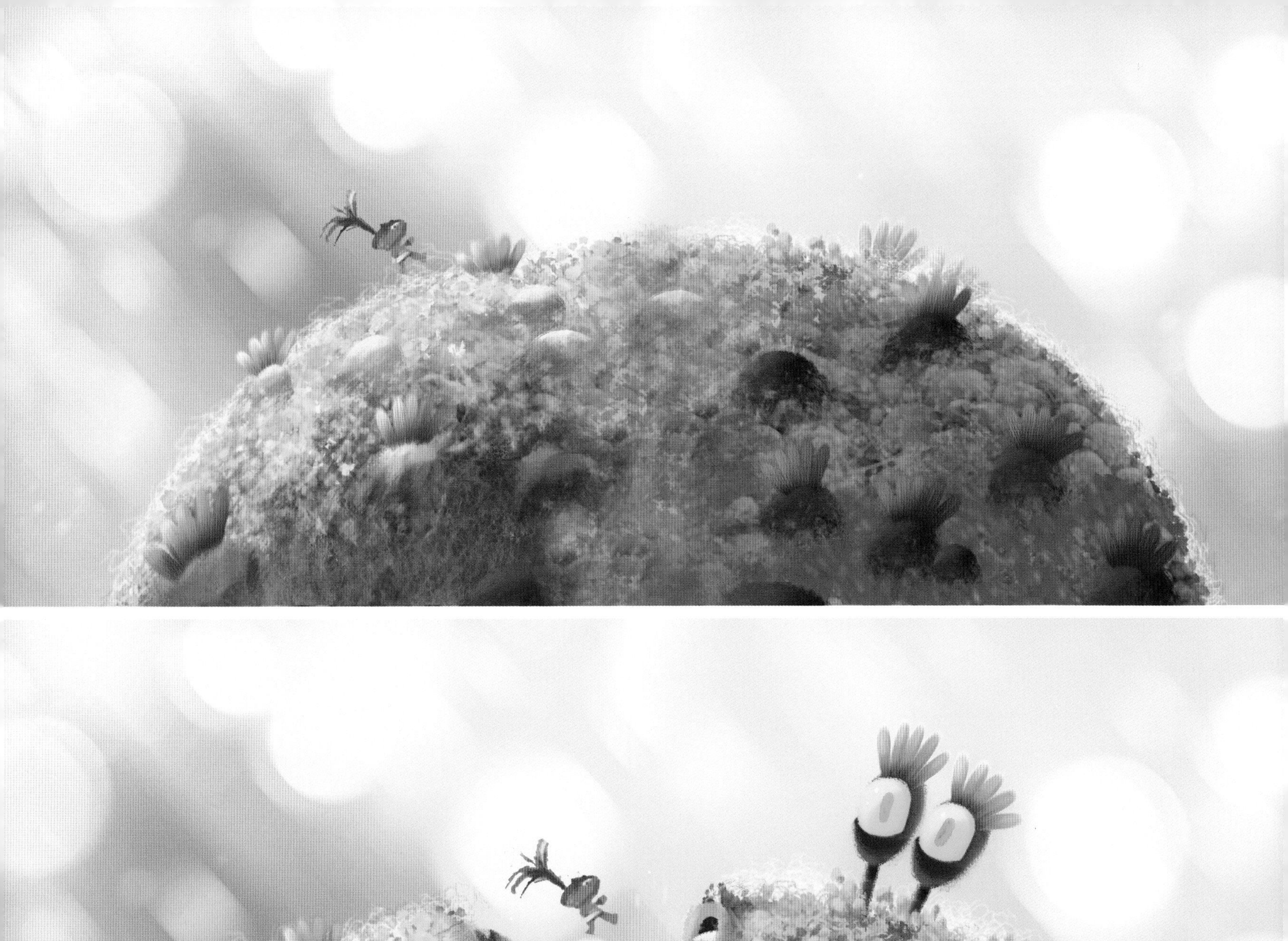

# 색상 스크립트

색상 스크립트 샘플링 • 피터 자슬라프, 애브러 겔러, 티모시 램, 세바스티언 피켓, 자오핑 웨이

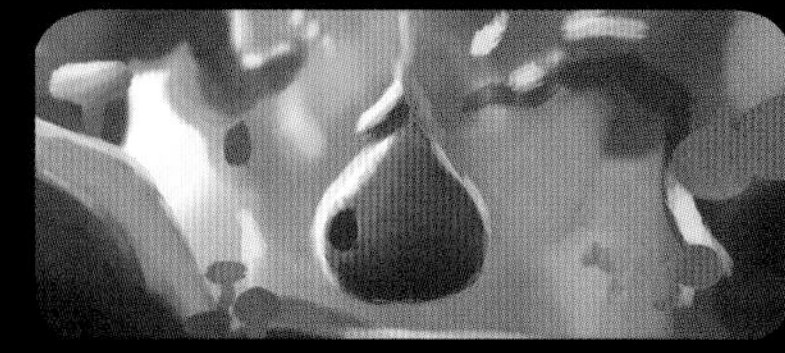

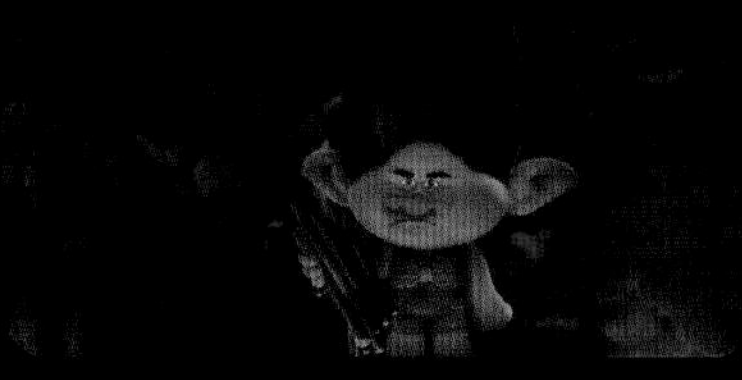

시퀀스 1100

# 침묵하는 장면, 강렬한 색상

여행 막바지에 파피와 브랜치는 버겐 타운에 가기 전 마지막으로 하룻밤 야영을 하며 휴식을 취하기로 한다. 파피와 브랜치가 서로 얼마나 다른지 여실히 느껴지는 장면이 바로 이 시퀀스다. 늘 생기발랄하고 낙천적인 파피와 자기 식대로 해야 직성이 풀리는 (행복하달까) 성마른 심술쟁이 브랜치는 그야말로 상극이다.

지나 샤이는 말한다. "<트롤> 스토리를 처음 구성할 때부터 브랜치와 파피의 성격이 충돌하는 순간을 재현하고 싶었어요. 영감을 얻으려고 고전 영화에서 본보기가 될 만한 장면이란 장면은 닥치는 대로 봤죠."

"<트롤>을 보다 보면 멋진 장면이 나와요. 브랜치와 파피가 세상에 대한 견해차를 극명하게 드러내는 걸 볼 수 있죠." 캐릭터별 애니메이션 감독 마크 도널드의 말이다.

이 장면에서 잘 뒷받침해줄 캐릭터 디자인의 아이디어를 얻기 위해 제작진은 현 세대의 우상이나 다름없는 아티스트에 의지했다. 감독 마이크 미첼은 재패니메이션의 대가 미야자키 하야오를 언급했다. "하야오의 세계와 캐릭터 디자인과 스타일을 눈여겨봤어요."

공동 감독 월트 도른도 거들었다. "또 <핀과 제이크의 어드벤처 타임>의 멋진 세계도 참고했고요."

이 시퀀스의 초반엔 캐릭터들이 보이지 않을 정도로 존재감이 미미하다. 아트 디렉터이자 캐릭터 디자이너 티모시 램은 말했다. "우선은 안 보이게 위장하고 있다가 생체가 발광하면서 화려하게 등장하는 것으로 개념을 잡았어요."

이 장면은 파피가 노래를 부르면 숲이 총천연색으로 생기를 뿜어내며 시작된다. "색을 선택하는 문제라면 우린 몸을 사리는 법이 없었어요." 램이 이어서 말한다. "채도가 가장 높은 색을 쓴 덕에 가히 만화경 같은 장면이 연출됐어요."

원하는 스타일을 얻기 위해서 아티스트들은 어두운 배경에서-불가시광선이 아닌-스포트라이트 효과를 내는 형광 페인트를 썼다. 비주얼 디벨롭 아티스트 애브너 겔러는 파피의 노래에 맞춰 합창하는 생물들을 개성 있게 표현해 이 장면에 생기를 더했다. 램에게 이 장면에서 가장 난제였던 건 모든 캐릭터의 디자인을 단순하고, 금세 알아볼 수 있으면서도 호소력 넘치게 표현해내는 것이었다. "디자인이 복잡해지면 복잡해질수록 캐릭터가 더 위협적으로 변하더군요. 천차만별의 캐릭터들이 우르르 쏟아져 나오는 장면이라서 난삽하지 않게 보이도록 처음부터 기하학적으로 뚜렷한 형태의 디자인을 하자고 마음을 먹었죠."

미첼이 이 시퀀스에 덧붙인 한 가지 디테일이 있다. 파피가 자기 슬리핑백 옆에 둔 그리운 스낵 팩의 사진들이다. (다분히 파피답게 아이스캔디 색깔의 액자와 스티커로 아기자기하게 꾸몄다.) 눈물이 날 만큼 애절하게 파피는 친구 하나 하나에게

작별을 고하는데, 그저 잠을 자고 싶을 뿐인 브랜치를 더욱 짜증나게 만든다. 그렇지만 상황은 브랜치의 바람과는 정반대로 치닫게 되니…. 브랜치가 "난 침묵이 좋아"라고 한 말이 큐 사인이기나 한 것처럼 파피는 사이먼 & 가펑클의 <The Sound of Silence>를 부르기 시작하고, 이내 주변은 소리와 빛과 색과 캐릭터가 황홀한 불협화음으로 가득찬다. "파피에게 노래는 울적하고 친구들이 그리울 때 꺼내는 비밀병기예요." 캐릭터별 애니메이션 감독 마크 도널드는 말했다. "그래서 파피는 이런 긍정적인 면을 브랜치에게 자꾸 보여줘요. 브랜치가 좋아하건 말건. 파피 덕에 생기를 찾은 숲의 생물들이 다 함께 노래를 부를 때 트롤과 세상의 조화를 생생히 느낄 수 있어요." 감독 마이크 미첼이 덧붙였다. "파피는 숲의 친구인 백설공주나 신데렐라를 익살맞게 비튼 버전이라 할 수 있어요."

셀 수 없이 많은 숲의 생물들이 뒷받침해준 덕에, 마지막 프레임은 말 그대로 바늘 하나 들어갈 수 없을 만큼 조역들로 가득차면서 감각의 과부하를 일으킨다. 미첼은 이렇게 말했다. "저는 이 마지막 장면을 '티모시 램 광시곡'이라 부르겠어요!"

**앞** 침묵의 세레나데 • 애브너 겔러 **왼쪽 브랜치** • 애브너 겔러 **위** 시퀀스 1100 색상 키 프레임 • 피터 자슬라프

마이크와 월트는 놀랄 만큼 기민해서
작업 과정도 그렇지만
그들이 직원들, 아티스트들과 의견을
주고받는 걸 보는 게 참 즐겁다. 모두 이 두 감독을
존중하고 그게 작품에까지 반영되는 걸
실제로 확인할 수 있다. 그렇게 진심을 다해
협업했기 때문에 그 결과에 대해
우리 모두 자부심을 느낀다.

보니 아놀드, 장편 애니메이션 스튜디오 공동 사장

왼쪽 파피가 만든 액자 • 애브너 겔러
위 파피의 우쿨렐레 • 애브너 겔러
가운데 백합 패드 • 애브너 겔러
아래 캠프파이어 • 커스틴 헨센 가와무라
뒤 숲속 생물 • 티모시 램

## 스토리

이 시퀀스는 스토리 부서장 조엘 크로포드와 그의 팀이 탁월하게 만든 스토리보드 덕에 썩 훌륭하게 나왔다. 크로포드는 말했다. "이 시퀀스는 <트롤> 스토리의 정수를 담고 있다고 해도 과언이 아닙니다. 트롤이 행복하면 주변 세상도 행복해진다는 메시지를 담고 있어요."

스토리팀이 처음 이 시퀀스를 스토리보드로 만들 때 가장 애를 먹은 건 한 화면에 나오는 숲속 생물들이 엄청나게 많다는 것이었다. 스토리 아티스트팀 하이츠의 이야기를 들어보자. "숲속 생물은 수도 없이 쏟아져 나오는데 그 장면에 쓰인 노래는 실제로 꽤 짧거든요. 시간이 짧은 프레임에 숲속 생물들이 벌이는 재미난 순간을 가급적 많이 집어넣어야 한다는 게 가장 힘든 일이었어요. 노래 길이를 늘이고 숲속 친구들을 스물, 아니 서른 개는 더 등장시키고 싶었다니까요!"

***이 장면에서 '생물 합창단'은 모두 파피를 보좌하고 있지만, 관객들은 브랜치의 반응이 궁금해 그를 흘깃 살펴보게 될 것이었다. 그래서 앙증맞은 거미 한 마리가 줄을 타고 브랜치 귓가까지 내려가 '안녕' 속삭이는 장면을 연출했다. 그러면 브랜치는 거미를 손가락으로 팽 튕겨버리고. 나중에 브랜치가 수적 열세를 극복하고 찐 스릴러가 된 것을 보는 기분은 진짜 좋았다!"***

팀 하이츠, 스토리 아티스트

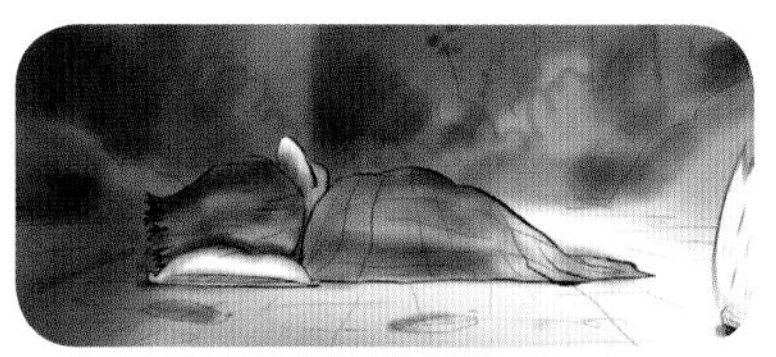

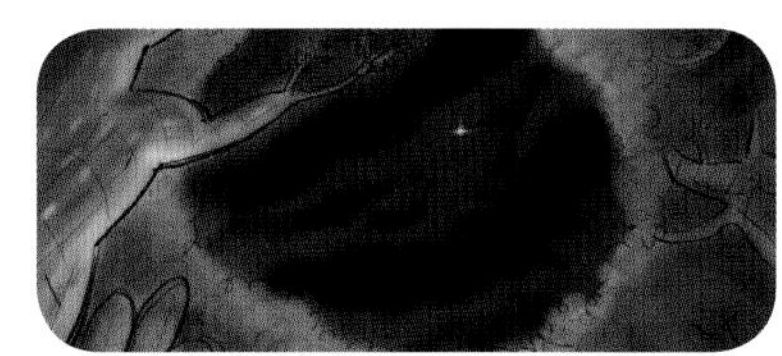

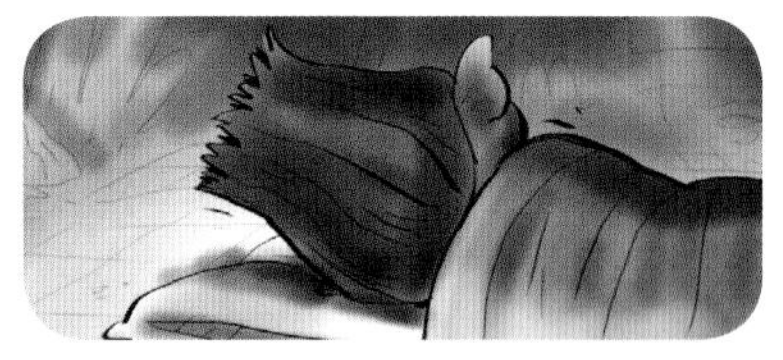
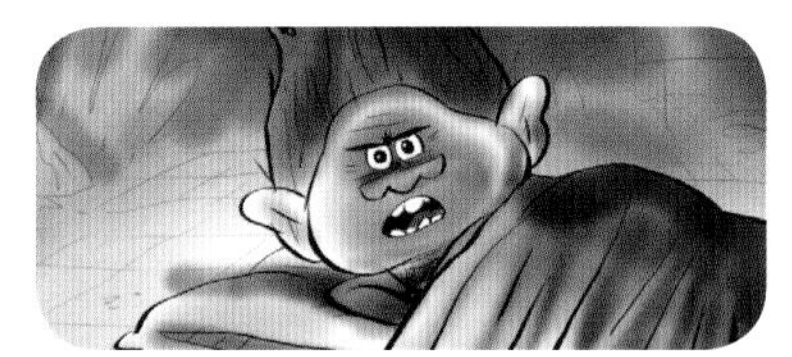

스퀀스 1100 스토리보드 • 팀 하이츠

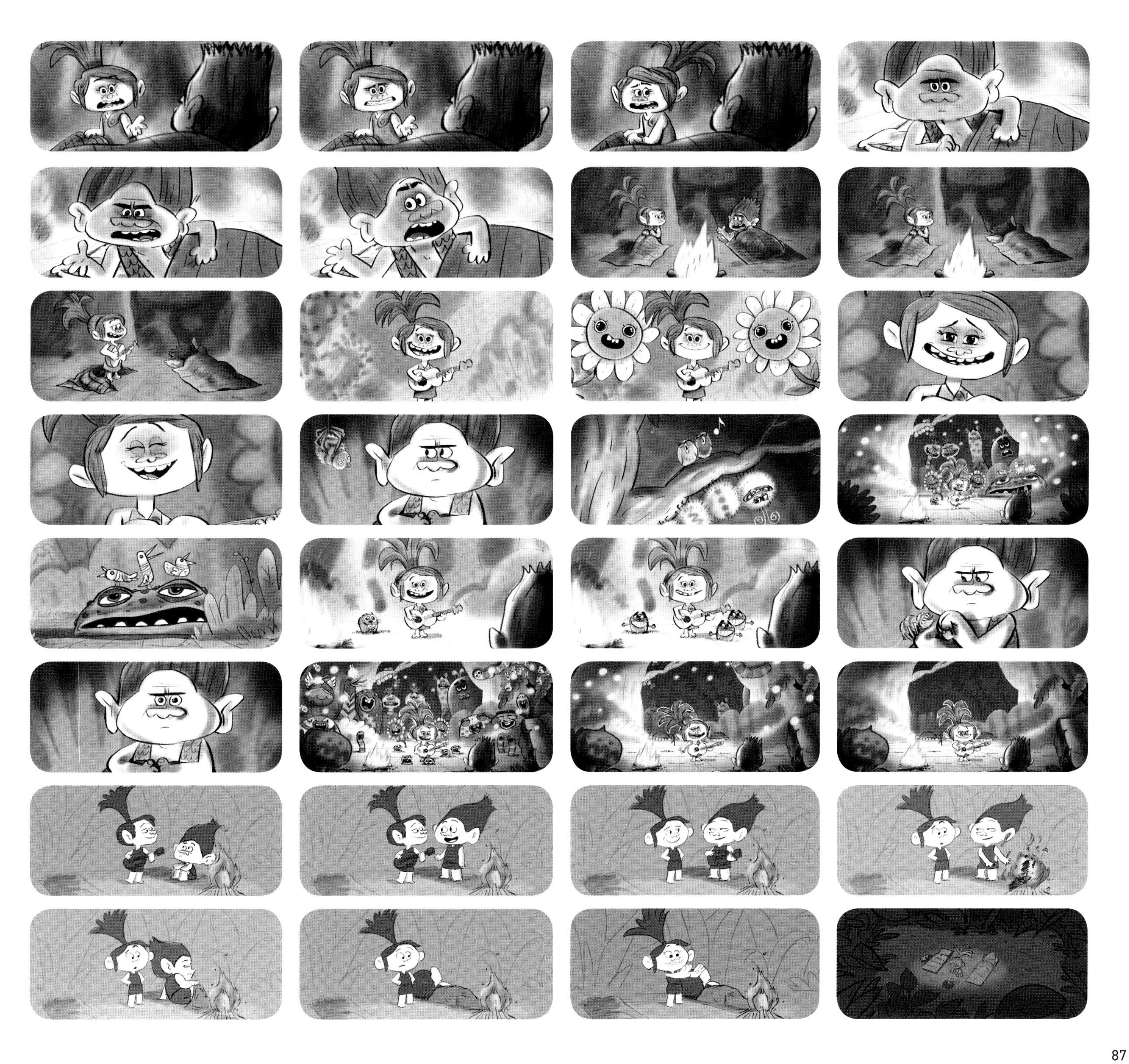

# 레이아웃

레이아웃팀(흔히 카메라/시네마토그래피라고 하는 팀-옮긴이)은 '시퀀스 1100'을 영화 속의 영화로 해석했다. 러프 레이아웃 팀장 전용덕은 이렇게 설명했다. "이 시퀀스 하나에 기승전결이 다 있기 때문에 우린 이 장면을 독립된 단편 영화로 생각했습니다. 시네마토그래피는 초반엔 은근하게, 그러다 점차 활기를 띠면서 중반에는 흥을 돋우는 동적인 요소가 가미되다가 물러나면서 좀 더 미묘한 방식으로 코메디에 접근했습니다."

레이아웃팀은 특히 모든 생물들이 노래를 부르기 시작하는 순간에 공을 들였다. "그 순간은 에너지가 한꺼번에 터져 나오는 동시에 리듬이 맞아야 했고 또 스토리에 잘 녹아들어야 했어요. 결과적으론 썩 잘 나온 셈이지만 흥분된 분위기와 미묘한 접근 사이에서 균형을 잡는 게 결코 쉽진 않았어요."

러프 레이아웃 • 빅터 로버트, 조너햄 허존, 파멜라 B. 스테판, 존 W. 맥기니스, 도리언 버스터맨티 / 세트 드레싱 • 레이첼 랙다오, 데이빗 패트릭 발레라

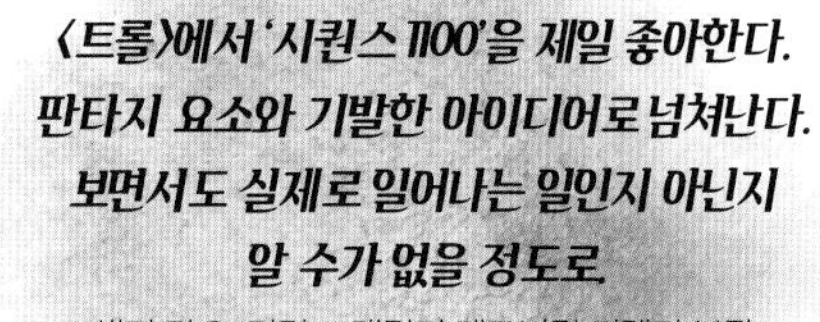

**〈트롤〉에서 '시퀀스 1100'을 제일 좋아한다. 판타지 요소와 기발한 아이디어로 넘쳐난다. 보면서도 실제로 일어나는 일인지 아닌지 알 수가 없을 정도로.**

샌디 카오, 리깅 & 캐릭터 테크니컬 디렉터 부장

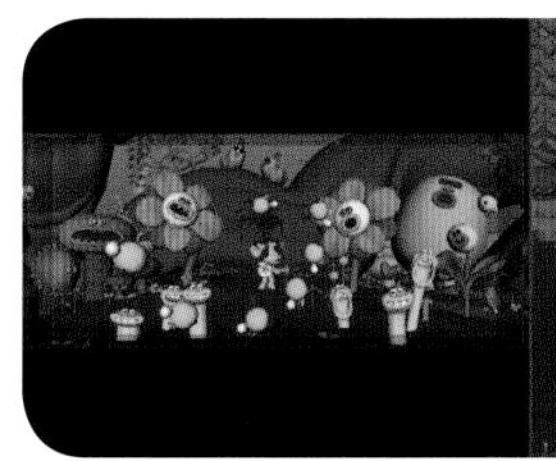

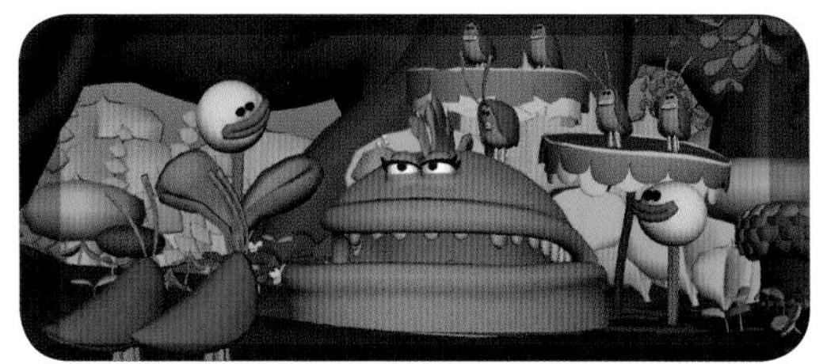

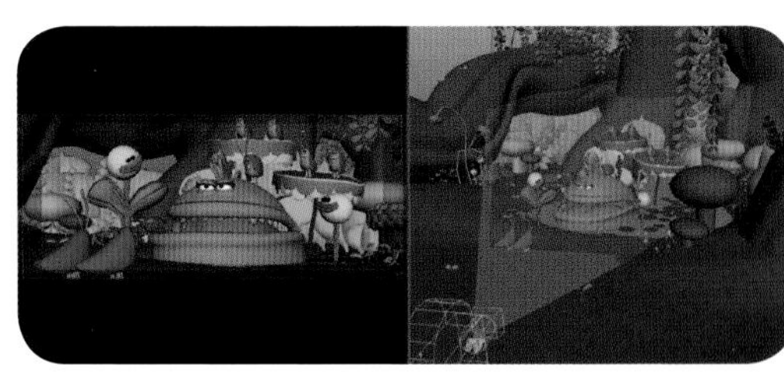

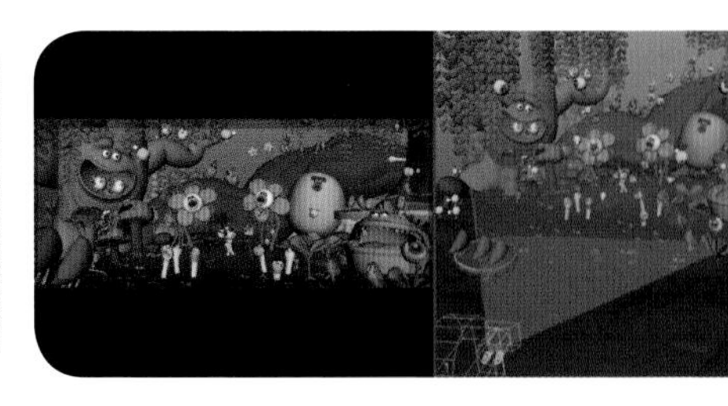

## 모델링*

'시퀀스 1100'이 모델링 부서에 준 과제는 등장하는 캐릭터가 모두 그 공간에 없어선 안 될 존재로 만들어줘야 한다는 것이었다.

"주변 환경은 그 자체로 독립된 캐릭터라는 점, 상당한 비중을 차지한다는 점, 연기하는 공간이라는 점 등등의 이유로 연출하기가 만만치는 않아요." 모델링 부장 찰스 엘리슨의 말이다.

'시퀀스 1100'에서, 생물 캐릭터들 모두에게 명확한 역할을 분담해줘야 했다. 캐릭터들을 하나로 통일한다는 건 모델링 아티스트들이 생물 캐릭터들을 만들고, 그 캐릭터들 각자에게 맞는 공간을 안배하는 건 물론, 캐릭터 간의 연관성을 제시해 제작 디자이너, 아트 디렉터, 레이아웃팀이 디자인의 방향에 맞춰 작업해야 함을 의미했다.

"제일 큰 과제는 가급적 단순한 형태 언어의 생물 캐릭터를 만드는 것이었어요." 엘리슨은 말했다. "생물들의 형태에 대해선 가급적 단순하게 생각하고 머리털이나, 서페이싱(표면 처리-옮긴이)의 부가적인 효과를 미리 예측해야 했죠."

* 캐릭터, 소도구, 세트 등의 원형을 형상화하는 작업으로 모형화 기술이라고도 한다-옮긴이

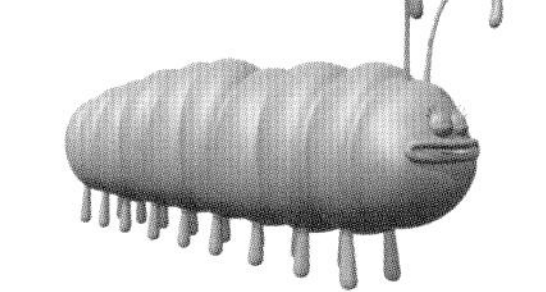

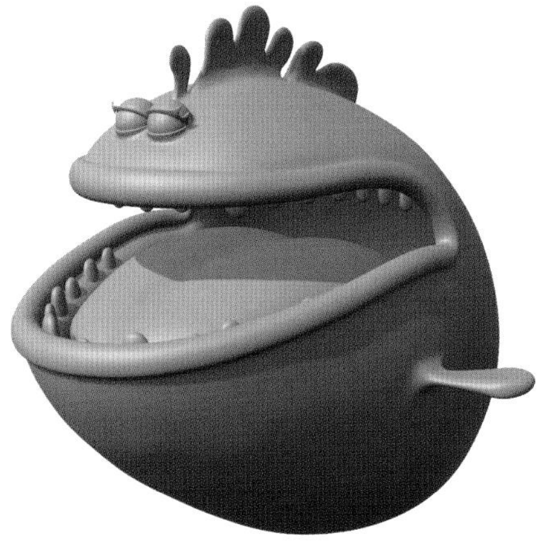

***이 시퀀스야말로 이 영화의 재미와 특유의 익살과 개성을 고스란히 담고 있다. 예술적 관점에서 말하면, 영화의 스타일과 분위기를 보여주는 장면이라고 할 수 있다.***

찰스 엘리슨, 모델링 부장

**맨 위** 털벌레 • 숀 초이 **위** 꽃, 눈썹벌레, 다람쥐, 딱벌레 식물, 거미, 꽃 그룹 • 에이브럼 미너 오셋 **아래**(왼쪽부터 오른쪽으로) 꽃 • 에이브럼 미너 오셋 / 물고기 • 숀 초이 / 애벌레 • 숀 초이

# 리깅*

애니메이션 테크닉의 문외한이라면 리깅은 기본적으로 캐릭터를 움직일 수 있는 기술이라고 생각하면 이해하기 쉬울 것이다. <트롤>의 공동 제작자 홀리 에드워즈의 설명을 들어보자. "꼭두각시처럼 캐릭터를 움직이는 실이 '리깅'이라고 생각하세요."

<트롤>의 리깅은 머리가 어지러울 정도로 복잡한 건 아니지만 복잡한 부분이 꽤 많긴 했다. 특히 '시퀀스 1100'이 그랬다. "등장하는 생물들이 한두 가지가 아닌 데다 대부분 같은 화면에 등장하기 때문에 적시에 하나도 빼놓지 않고 애니메이션을 부여해야만 했어요." 리깅 & 캐릭터 테크니컬 디렉터 부장 샌디 카오의 말이다. "이 시퀀스에 등장하는 생물들 모두가 애니메이션팀이 예측한 대로 각자 맡은 역할을 해내는 게 관건이었습니다."

가급적 많은 캐릭터들에게 움직임을 부여하기 위해 리깅 부서는 미술 부서와 모델링 부서와 힘을 모았다. 그리고 캐릭터 리깅의 통상적인 관례를 깨고 캐릭터 수를 최대로 늘릴 수 있는 최상의 방법을 찾아냈다. "애니메이션 기능을 원활히 하기 위해 되도록 단순화한 컨트롤을 써서 모델링을 한 형태에 승부수를 두었어요. 가령 리깅치곤 단순한 작업이지만 물고기 같은 몇몇 캐릭터의 경우는 컨트롤 기능을 좀 더 많이 써서 노래를 부르는 동안 입술이 떨리게 표현했습니다."

* 모형으로 만든 캐릭터를 스크린 상에서 의도한 대로 움직이기 위해 가상의 골격을 디자인하고 제작하는 작업–옮긴이

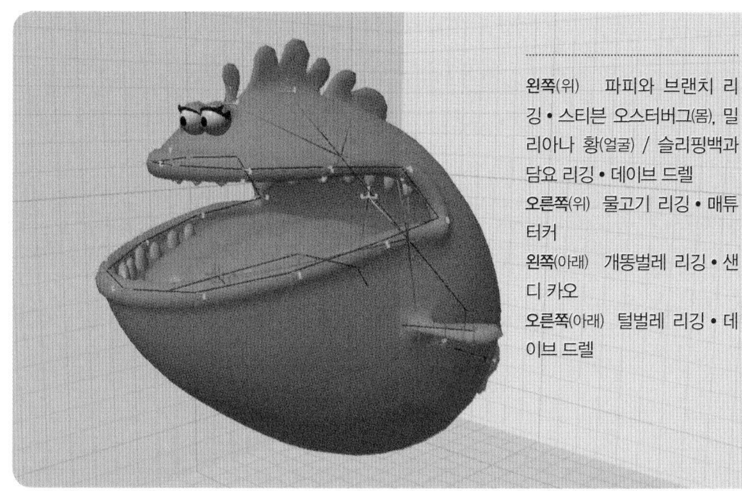

**왼쪽**(위) 파피와 브랜치 리깅 • 스티븐 오스터버그(몸), 밀리아나 황(얼굴) / 슬리핑백과 담요 리깅 • 데이브 드렐
**오른쪽**(위) 물고기 리깅 • 매튜 터커
**왼쪽**(아래) 개똥벌레 리깅 • 샌디 카오
**오른쪽**(아래) 털벌레 리깅 • 데이브 드렐

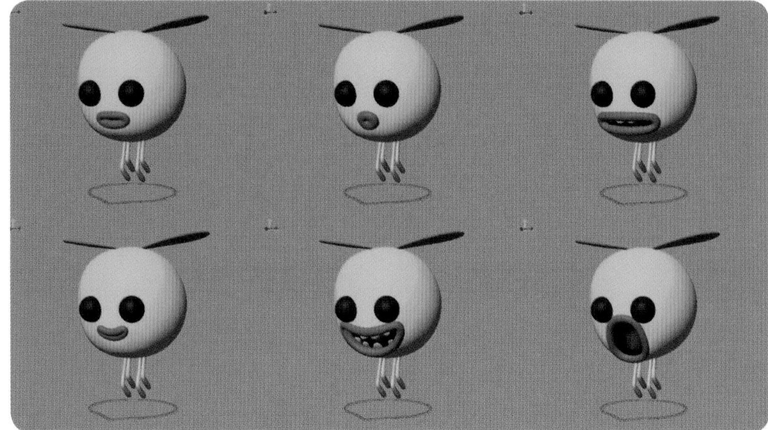

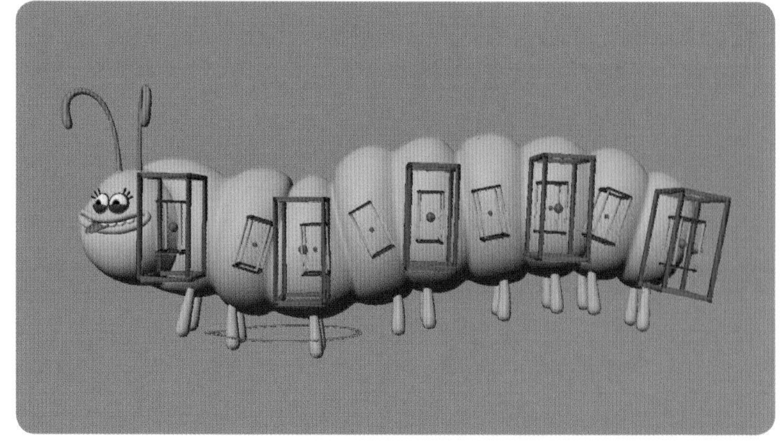

# 서페이싱

시퀀스 내내 형광색을 유지하는 건 서페이싱팀에겐 도전적인 기술이었다. "캐릭터들이 원래의 조명 조건보다 더 환해 보이길 바랐어요." 시각 효과 감독 필립 드니즈가 말한다. "그래서 서페이싱과 조명 작업을 몇 번 반복해야 했어요. 하지만 우리가 원한 야구장 룩이 나왔을 때 잘될 거라는 걸 알았어요. 그런 후엔 우리가 바라는 결과를 얻기 위해 그 룩을 다듬기만 하면 됐어요."

다듬은 룩을 정교하게 완성하는 것도 서페이싱팀의 몫이었다. 서페이싱 부장 리사 슬레이츠 코너스는 말한다. "이 시퀀스는 다수의 커스텀 캐릭터와 노래하는 화초 때문에 특이해 보이죠. 전부 '형광빛'을 발한다는 설정, 다시 말해 은은하게 빛으로 달아오른다는 설정을 구현하는 건 정말 어마어마하게 어려운 미션이에요. 은은히 빛이 발하다가도 서서히 꺼지는 경우가 다반사거든요."

이것도 모자라 형광빛 생물들 대부분이 솜털을 두른 데다가 여러 개체가 동시에 빛을 발해야 했다. 이에 대한 코너의 이야기를 들어보자. "개체의 솜털, 머리털, 피부 밑에 일일이 빛을 발하는 셰이더(화면에 출력할 픽셀의 위치와 색상을 계산하는 함수-옮긴이)를 더해줬어요. 서페이싱과 조명부가 긴밀히 소통하며 얻은 결과입니다."

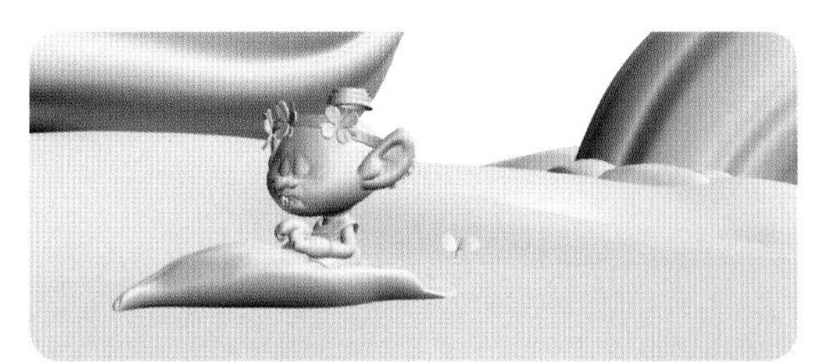

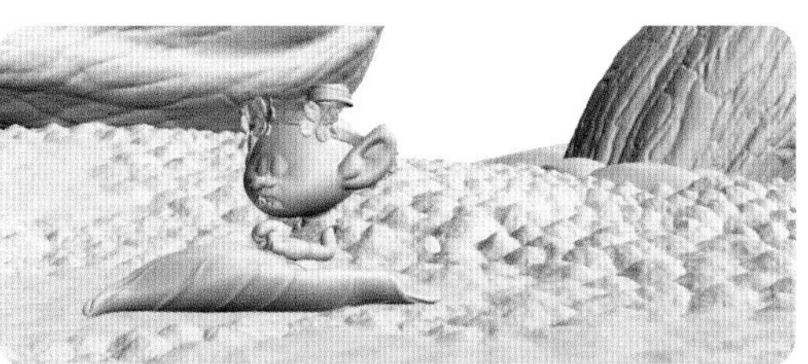

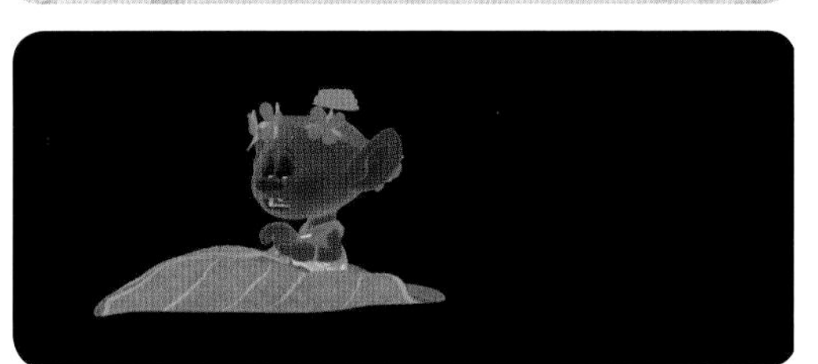

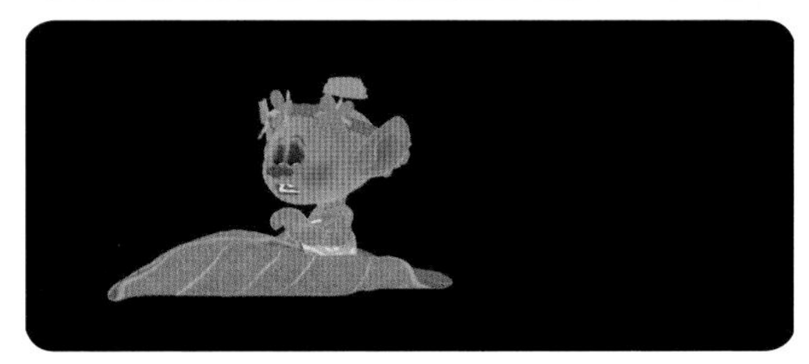

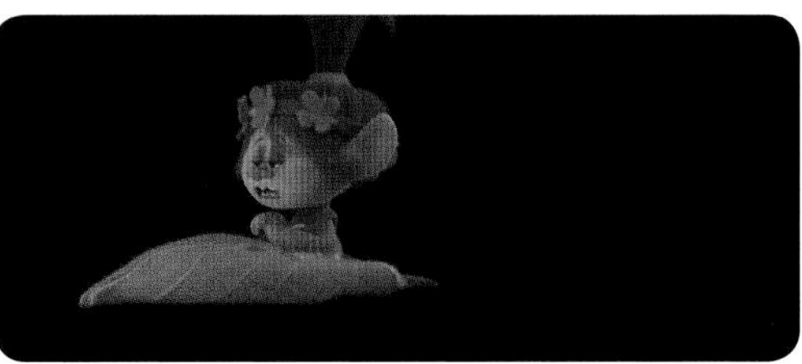

왼쪽 생물 서페이싱 • 쭌후이 안드레아 펀
나무 서페이싱 • 파울로 호세 데 구즈먼
오른쪽 파피 서페이싱 • 쭌후이 안드레아 펀
주변 환경 서페이싱 • 칼슨 제임스 매케이

# 애니메이션

위 스코트 레머 가운데 드루 애덤스 아래 마크 도널드

데이빗 버제스가 이끄는 애니메이션팀이 시퀀스 1100에서 풀어야 했던 숙제는 파피와 브랜치가 서로 터놓고 친근하게 느끼는 순간을 분석하는 것이었다. "그들이 필요에 의해 함께하게 되면서 서로 미묘하게 겨루는 일이 생겨요." 캐릭터별 애니메이션 감독 마크 도널드가 설명했다. "그럴 때마다 각자 느끼는 감정을 설득력 있게 표현하는 것도 어려웠지만 숲속 친구들과 그 밖의 구성원들을 활력 넘치게 연출하는 것 역시 도전이었어요."

파피와 브랜치 모두 시각적으로 강렬한 스타일이라 애니메이터들은 그 점을 존중하면서 동시에 '재미와 단순성, 익살을 잃지 않도록 해야 했다'는 것이 도널드의 말이다.

노래를 부르기 전에 브랜치와 옥신각신하던 파피는 툭 던지듯 브랜치가 한 말을 작게 흉내 낸다. 이 장면의 절묘한 효과는 애니메이션팀의 공로다. "이 장면을 집어넣자고 말한 건 저지만 처음엔 모두 확신이 서지 않았어요. 자칫 파피가 너무 짜증을 내거나 비아냥거리는 것처럼 보이고 싶지 않았거든요. 하지만 파피가 그렇게 반응하면 끝도 없이 불평만 늘어놓는 브랜치에 대해 어떻게 생각하는지 단번에 보여줄 수 있을 거라고 생각했어요. 단, 그 순간 파피는 더없이 외롭고 살짝 슬픈 때니까 미묘하게 연출하는 것이 진짜 중요했어요."

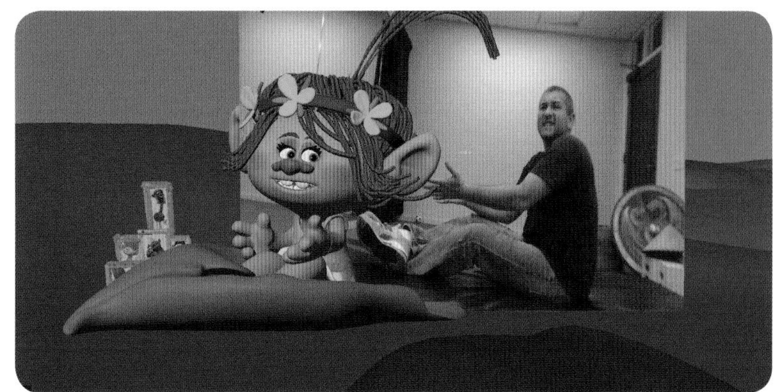

## 효과

시퀀스 1100 초반의 시각 트리트먼트(각본의 최초 단계인 시놉시스보다 발전한 단계로 좀 더 자세하게 이야기를 기술하는 것-옮긴이)는 꽤 미니멀한 편이다. 파피와 브랜치 뒤로 거대한 숲이 있지만, 스토리와 카메라는 두 트롤과, 캐릭터들을 분리하는 공간에만 집중하는 한편, 배경의 요소들은 의도적으로 아웃포커스시키고 있다.

그러나 결코 포기하는 법이 없는 파피가 브랜치에게 다가가 노래를 부르기로 결심하자 모든 게 변한다. 시각 효과 감독 필립 드니즈는 이렇게 설명했다. "카메라가 화면을 더 넓게 잡자 어두운 들판이 탁 트여 보이면서 수많은 생물들이 움직이고 마치 브로드웨이쇼처럼 조명이 무대 위를 비춥니다."

이 장면은 몇 초 만에 달빛 고적한 야영지에서 형광빛 조명 아래 수많은 캐릭터들로 북적대는 무대로 바뀐다. 이에 대해 드니즈는 한마디 더 한다. "시네마토그래피 시점에서 제일 어려운 건 분위기의 반전을 매끈하게 연출해서 관객들이 전혀 이물감 없이 받아들이게 해야 한다는 것이었어요. 타이밍도 중요하지만 그 매혹적인 분위기에 찬물을 끼얹지 않으려면 모든 디테일이 한 몸인 것처럼 연출해야만 해요."

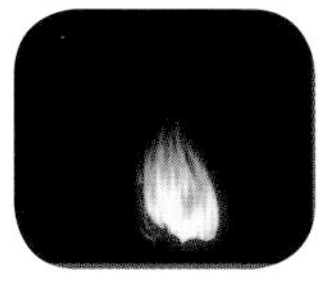

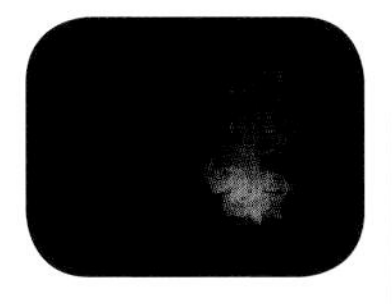
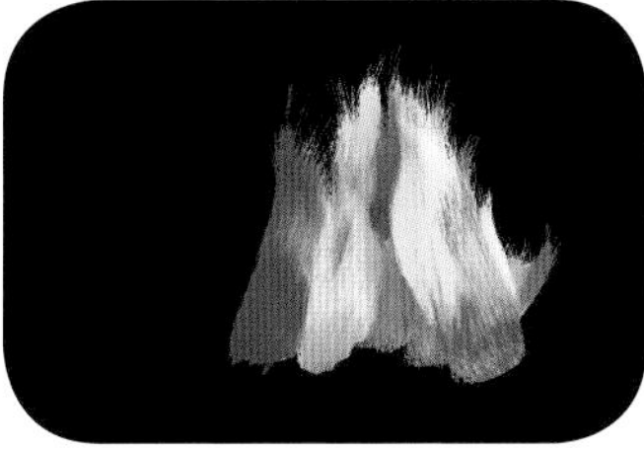

불 효과 • 스티븐 우드 / 연기 효과 • 애쉰 프라사드

## 조명

이 시퀀스의 대기는 매우 생소하게 느껴진다. 그도 그럴 것이 파피가 마치 적외선 조명 아래서 노래를 부르는 것처럼 보이니 말이다. 그런데다 자연광-초반의 조명은 달빛과 모닥불빛 뿐이다-속에서 이렇게 인공적인 분위기라니.

이런 모순의 균형을 맞추기 위해 조명부와 서페이싱부는 함께 작업해야 했다. 디지털 감독 마크 퍼티베니는 말했다. "숲속 생물들에겐 두 개의 다른 룩이 필요했어요. 첫 번째 룩은 다른 캐릭터들과 주변 요소들에 맞추었고, 두 번째 룩은 제일 밝은 형광빛 아래서 '무대 분장'을 한 분위기였어요." 보통 때의 조명팀은 한 룩에서 다른 룩으로 바뀌는 때를 정하는 게 힘들었겠지만, 이번에는 달랐다.

"음악이 큐 사인을 준 셈이어서 노래 가사의 의미와 운율에 맞춰 룩을 바꿨습니다." 결국 시퀀스 1100은 모든 아티스트들이 가장 좋아하는 장면의 하나로 꼽히게 되었다. 제작자 지나 샤이는 이렇게 상찬한다. "이 시퀀스야말로 아티스트들이 스토리에서 받은 영감을 고스란히 실현하고, 또 아주 작은 아이디어 하나가 아티스트 한 명 한 명을 거치며 마치 파이프라인을 따라 굴러 내려가는 눈덩이처럼 점점 커져 급기야 화면에서 만개한 완벽한 사례라고 할 수 있습니다."

이 장면이 끝나면 생물들은 원래 숨어 있던 자리로 물러나고 파피만 밤의 어둠 속에 자리 잡게 된다. "<트롤>의 명장면이지요. 이 장면을 통해 관객은 파피와 브랜치의 관계가 어디까지 왔는지 알게 돼요." 공동 제작자 홀리 에드워즈는 말한다. "그래서 버겐 타운으로 가는 여행에서 파피가 브랜치의 닫힌 마음을 뚫고 들어가기를 응원하게 되죠."

왼쪽 조명 • 크리스티 페이지 아래 조명 리드 • 폴 햄러

# 구름 아저씨

목적지까지 거의 다 갈 즈음, 파피와 브랜치는 십자로에 다다르게 된다. <오즈의 마법사>에서 도로시가 노란 벽돌길을 따라가다가 십자로에 이르자 허수아비가 길을 알려주듯, 트롤들은 구름 아저씨를 만난다. 문제는 구름 아저씨가 도움은 주지만, 허수아비만큼 똑바로 알려주진 않는다는 점이다. 종잡을 수 없는 엉뚱함 때문에 구름 아저씨는 아티스트들 사이에서 금세 컬트적 입지를 확보했다.

구름 아저씨 캐릭터에 생명을 불어넣은 건 공동 감독 월트 도른이다. 도른은 연출 외에도 스미지와 퍼즈버트의 목소리를 연기했다. 목소리 연기라면 이미 <슈렉 포에버>에서 씬스틸러였던 악한 '룸펠슈틸츠킨' 역을 맡아 다른 연기자들과 동등한 수준을 자랑했던 그다.

<트롤>에서 도른은 안나 켄드릭과 저스틴 팀버레이크와 함께 수차례에 걸쳐 녹음을 했다. "다들 구름 아저씨를 사랑하는 것 같아요. 그런 역할을 하게 돼서 정말 신났지만, 안나와 저스틴과 함께 연기를 하게 된 것처럼 놀랄 일이 있을까요!"

카메라가 멀찍이서 구름에 싸인 숲을 패닝(파노라마 효과를 내기 위해 배경 화면이 이동하는 것처럼 촬영하는 기법-옮긴이)할 때 구름 아저씨는 마술을 부리듯 모습을 드러낸다. 전경에서 구름 하나가 불쑥 나타나선 눈을 뜨고 입을 열어 파피와 브랜치에게 말을 하기 시작하는 것이다. 배경은 트롤 마을과 버겐 타운 중간 지점으로 설계해서 여전히 펠트 질감의 숲이면서도 아보카도 같은 녹색과 주황색, 황금색 등 버겐 특유의 색조를 띠고 있고, 군데군데 낡은 부츠 한 짝, 쓰레기, 버려진 고무 타이어 같은 문명의 흔적이 엿보인다.

***구름 아저씨 같은 괴짜 캐릭터를 정말 좋아한다. 처음엔 이런 영화에 왜 뜬금없이 구름이 등장하나 싶었는데 지금은 구름 아저씨가 있는 게 얼마나 다행인지 모르겠다!***

샌디 카오, 리깅 & 캐릭터 기술 담당

맨 위 구름 아저씨 스토리보드 • 숀 차마츠 오른쪽 구름 아저씨 캐릭터 연구 • 티모시 램 왼쪽 구름 아저씨 • 카를로스 필리페 레온 아래 구름 아저씨 세트 • 프리실라 웡

TV STORE
LIQUIDATION
Special!
SALE!
Pizza

TV
DONUTS
HOT
버겐 타운에 오신 것을
환영합니다

## 삭막한 변두리 생활

앞 버겐 타운 • 알렉스 퍼빌런드 위 버겐의 응접실 스케치 • 켄달 크롱카이트 셰인들린 아래 왕의 전차 • 애브너 겔러

트롤이 귀엽고, 친절하고, 따뜻하고, 보송보송하며 낙천적이라면, 버겐은 완전히 반대다. 즉, 못생겼고, 못됐고, 차갑고, 모질며 부정적이다. 그것도 지독하리만큼.

"버겐들은 정말 음침하고 분노에 차 있으면서도 슬픈 종족이에요. 소통은커녕 서로의 눈을 들여다보는 일도 없죠." 마이크 미첼 감독의 말이다.

그는 다소 정곡을 찌르는 비유로 이렇게 덧붙인다. "스마트폰만 들여다보고 있는 지금 세대와 꽤 비슷하죠. 버겐들은 서로 유대를 쌓는 일이 전혀 없어요."

버겐의 룩을 만들어내기 위해서 제작진은 또 한 번 캐릭터 디자이너인 크레이그 켈먼을 찾았다. 그때를 회상하며 켈먼은 말한다. "버겐을 디자인하는 일을 의뢰하면서 감독들은 버겐이 덩치가 크고, 작은 트롤들을 잡아먹고 싶어 하기 때문에 트롤들에겐 악마나 다름없다고 설명했어요. 트롤이 조화로운 사회주의자라면 버겐은 탐욕스런 자본주의자라고요."

트롤의 시선에서 인간 크기의 버겐은 거인처럼 까마득하게 큰 몸집으로 숲속을 비틀비틀 걸어다니는 존재다. 확연한 크기 차이에도 켈먼은 작업하면서 둘을 나란히 놓는 건 계산에 넣지 않았다고 말한다. "버겐을 디자인할 때 사이즈를 비교하는 걸 염두에 두긴 했지만 그렇다고 해서 딱히 도전적인 과제로 받아들이진 않았어요. 트롤과는 전혀 다른 비율로 디자인해야 대비 효과가 두드러지지 단순히 트롤을 확대한 것이어선 안 되었죠. 버겐들은 몸집에 비해 머리가 작은 편이에요. 제가 볼 때 매끈한 형태의 트롤에 비해 버겐은 울퉁불퉁하고 기괴한 게 유독 심한 편이에요."

'울퉁불퉁하고 기괴한' 특징을 유지하되 어딘지 모르게 귀여운 데가 있어 친근한 느낌이 들도록 표현하는 게 중요했다.

"버겐의 피부를 괴물이나 도마뱀처럼 표현하고 싶진 않았어요." 제작 디자이너 켄달 크롱카이트 셰인들린은 설명한다. "그래서

**왼쪽**(위에서 아래로) 트롤데이 열쇠 • 애브너 겔러 / 샌드위치 • 프리실라 웡 / 카메라 • 애브너 겔러 / 머그 • 카를로스 펠리페 레온 / 양동이 • 프리실라 웡 / **오른쪽** 버겐 왕의 식당 • 필립 보스

펠트 질감으로 피부를 표현했지요."

애니메이션 부서에도 같은 지시가 내려졌다. "자연스럽고 살집이 많은 버겐을 만들어내는 게 애초 우리 부서의 바람이었어요." 캐릭터 애니메이션 부장 데이빗 버제스는 말한다. "하지만 두 감독이 봉제 동물 인형 같은 느낌을 원했고, 그 덕에 디자인과 애니메이션에 접근하는 방식이 훨씬 더 자유로워졌습니다. 결과적으로 매우 개성이 강한 룩이 나왔죠."

버겐을 설명하는 한 가지는 '교외 거주자'일 것이다. 더 구체적으로 말하면 디스코, 나팔바지, 라바 램프, 워터게이트 시절의 교외 거주자라고 할 수 있다.

"제가 70년대에 어린 시절을 보냈거든요. 버겐은 주택에서 살고 폴리에스테르 옷을 입고 패스트푸드를 먹으며 제가 그랬듯 쓰레기와 공해 속에서 살아가는 교외 거주자예요." 크롱카이트 셰인들린의 말이다.

크롱카이트 셰인들린과 그녀의 팀원이 선택한 팔레트엔 아보카도 그린, 번트 오렌지 계열의 색조들이 다양한 가운데 묵직한 색감에 반짝거리는 황금색들이 한 줄로 쭉 정렬되어 있다. "말하자면 70년대 시트콤과 중세 스토리북이라는 두 세계를 극단까지 밀어붙인 조합이라고 할까요?" 크롱카이트 셰인들린이 말한다.

펠트 질감의 섬유에서 착안한 트롤 마을과 숲에 전적으로 대비되는 버겐 타운은 콘크리트, 목재 패널, 셰그러그, 포마이카 같은 '인간적인' 재질의 실제 세계에 근거해 만들어졌다. 조야한 형태와 재질을 구현하는 데 뉴욕 스쿨 신표현주의 렌더링이 지대한 영감을 주었다. "버겐 타운의 모든 것은 손으로 찰흙을 빚어 만들어서 울퉁불퉁한 것 같은 느낌이에요." 크롱카이트 셰인들린이 설명한다. "그런 느낌이 우리가 생각한 '괴물'의 시각 형태 언어였어요. 미술부의 비주얼 디벨롭 아티스트인 카를로스 펠리페 레온이 우릴 위해 3D 코드를 해독해준 덕이죠."

대부분의 사건이 버겐 타운에서 벌어진다는 점에서 <트롤> 제작진이 우연찮게 골치를 앓았던 난제는 볼썽사납고 음울한 심성의 버겐이 스토리를 통째로 삼키는 일이 없도록 중심을 잡아주는 것이었다. 공동 감독 월트 도른이 그때를 돌아보며 말했다. "버겐 디자인으로 오랜 시간을 보냈더니 어딘지 모르게 분위기가 괴팍해지더라고요. 마침 70년대의 복고적인 색상 팔레트가 눈에 들어왔으니 망정이지. 비주얼 디벨롭 아티스트 필립 보스가 우릴 70년대 스타일로 이끌었어요. 그는 조야한 게 매력인 카툰과 70년대 스타일의 스토리북 디자인을 조합해 우리가 원하던 버겐 타운 룩을 완성했습니다."

## 버겐 타운

파피와 브랜치가 마침내 버겐 타운에 도착하는 장면에서 관객들은 둘이 더 이상 '캔사스에 있지 않음(<오즈의 마법사>의 주인공 도로시는 고향 캔사스에서 오즈로 오게 된다-옮긴이)'을 한눈에 알게 된다. 그들의 고향과 숲의 생기발랄한 색 팔레트와는 전혀 딴판인 버겐 타운은 중세 시대의 침울한 마을을 옮겨놓은 듯하다.

<트롤>의 모든 아티스트들은 중세 시대 부락들의 이미지를 수도 없이 탐구한 끝에 버겐 타운의 전반적인 레이아웃에 반영할 수 있었다. 깊이감과 균형감을 부여하기 위해 아티스트들은 처음부터 절벽에 세워진 유럽의 성벽 도시를 모델로 삼았다. 아티스트들은 이렇게 유서 깊은 토대에서 출발해 보다 현대적인 스타일로 혁신했다.

"버겐 타운을 디자인하면서 70년대 스타일을 끌어들인 후 더 조잡할수록 더 그럴싸하게 보였어요." 제작 디자이너 켄달 크롱카이트 셰인들린의 말에 제작자 지나 샤이도 한마디 거든다. "성은 삭막한 분위기에 조잡한 흰색이라 버겐 타운의 모든 것과 날카롭게 대비되어 보여요. 기본적으로 눈에 거슬리는 금속 색조에 어둡침침한 녹색, 오렌지색, 황금색 계열을 섞어 표현했어요."

***버겐 타운은 지구에서 가장 불운한 곳이다.***
마이크 미첼, 감독

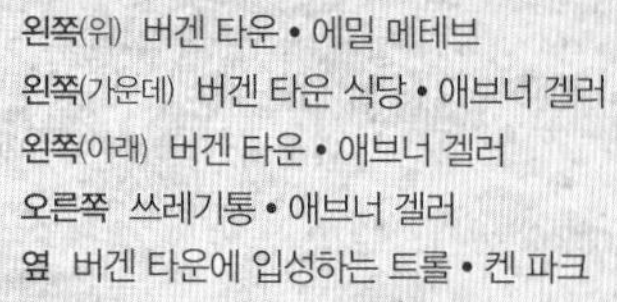

**왼쪽**(위) 버겐 타운 • 에밀 메테브
**왼쪽**(가운데) 버겐 타운 식당 • 애브너 겔러
**왼쪽**(아래) 버겐 타운 • 애브너 겔러
**오른쪽** 쓰레기통 • 애브너 겔러
**옆** 버겐 타운에 입성하는 트롤 • 켄 파크

**옆** 버겐 타운 • 켄 파크
**옆**(위) 트롤 나무 • 프리실라 윙
**현재 페이지** 버겐 타운 소도구 • 애브너 겔러

BERGEN TOWN
PIZZA
PIZZA

pizza
TV

**앞** 버겐 타운 이스태블리시 쇼트(다음 장면의 배경을 설명하는 쇼트–옮긴이) • 켄 파크 **왼쪽**(위) 버겐 타운 가로등 • 애브너 겔러 **오른쪽**(위) 급수탑 • 세바스티언 피켓
**아래** 버겐 타운 이스태블리시 쇼트 • 켄 파크 **옆**(위) 주유소 • 애브너 겔러 **옆**(아래) 세탁소 • 애브너 겔러

AS
SNACKS
CHANGE
25¢
13

**위** 버겐 타운 집 모형들 • 수디타 판자, 판 쇼에니, 아난드 피제이, 이재원, 아무르트 라주 **아래**(왼쪽) 버겐 타운 표지판들 • 애브너 겔러 **아래**(오른쪽) 버겐 타운 건물들 • 애브너 겔러 **옆**(위) 버겐 타운 건물 • 애브너 겔러 **옆**(가운데) 버겐 타운 표지판 • 애브너 겔러 **옆**(아래) 버겐 타운 게이트 • 프라실라 웡

FARL

HAIR & DENTAL
GROOB'S
2 4 1 Root Canals
B'BLY'S BIBS
ORT'S
PLURG O MART
DONUTS
72X
KING PLAZA/ DOWNTOWN
BERGEN
Town

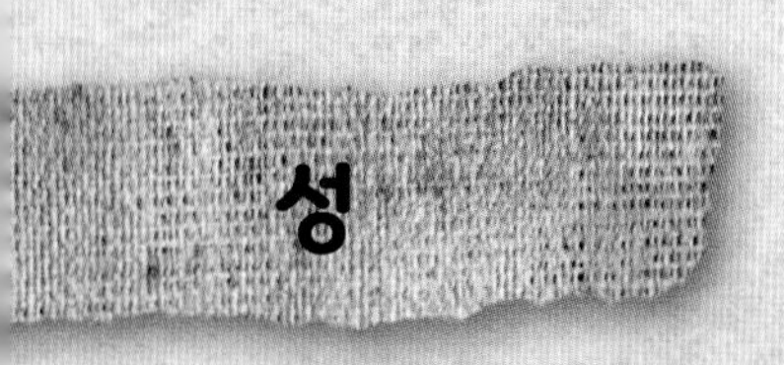

# 성

아트 디렉터이자 캐릭터 디자이너인 티모시 램의 말대로라면 버겐 타운의 으뜸가는 건축물로 엉뚱하고 이색적인 성의 분위기는 뉴욕 스쿨 출신 화가들이 이끈 추상표현주의에서 착안한 것이다. "둥글둥글하면서도 정신없는 분위기의 몇몇 작품이 정말 마음에 들었어요. 괴물들의 성과 타운을 구상하는 데 더없이 근사한 참고서처럼 느껴졌고요."

비주얼 디벨롭 아티스트 사이먼 로저스와 램은 상부가 더 묵직한 구조의 형태 언어를 개발했고, 그 결과 램이 말한 대로 '익살맞게 불안정한 구조가 위압적이면서 동시에 우스꽝스러운 성'이 만들어졌다.

버겐 세계의 전반적인 디자인 방향은 70년대로 설정해 따라갔다. 램과 로저스는 캘리포니아 샌 루이스 오비스포의 '마돈나 인' 같은 그 시대의 키치적인 건물에 눈을 돌리는 한편, 더 많은 아이디어를 얻기 위해 헐리우드 캐슬을 참조했다. 티모시 램은 말한다. "70년대 특유의 조잡해 보이는 스타일의 건물들이 얼마나 좋던지. 버겐 타운의 성과 그 밖의 배경을 디자인하면서 우리가 느꼈던 유머 의 정수를 고스란히 담고 있었으니까요."

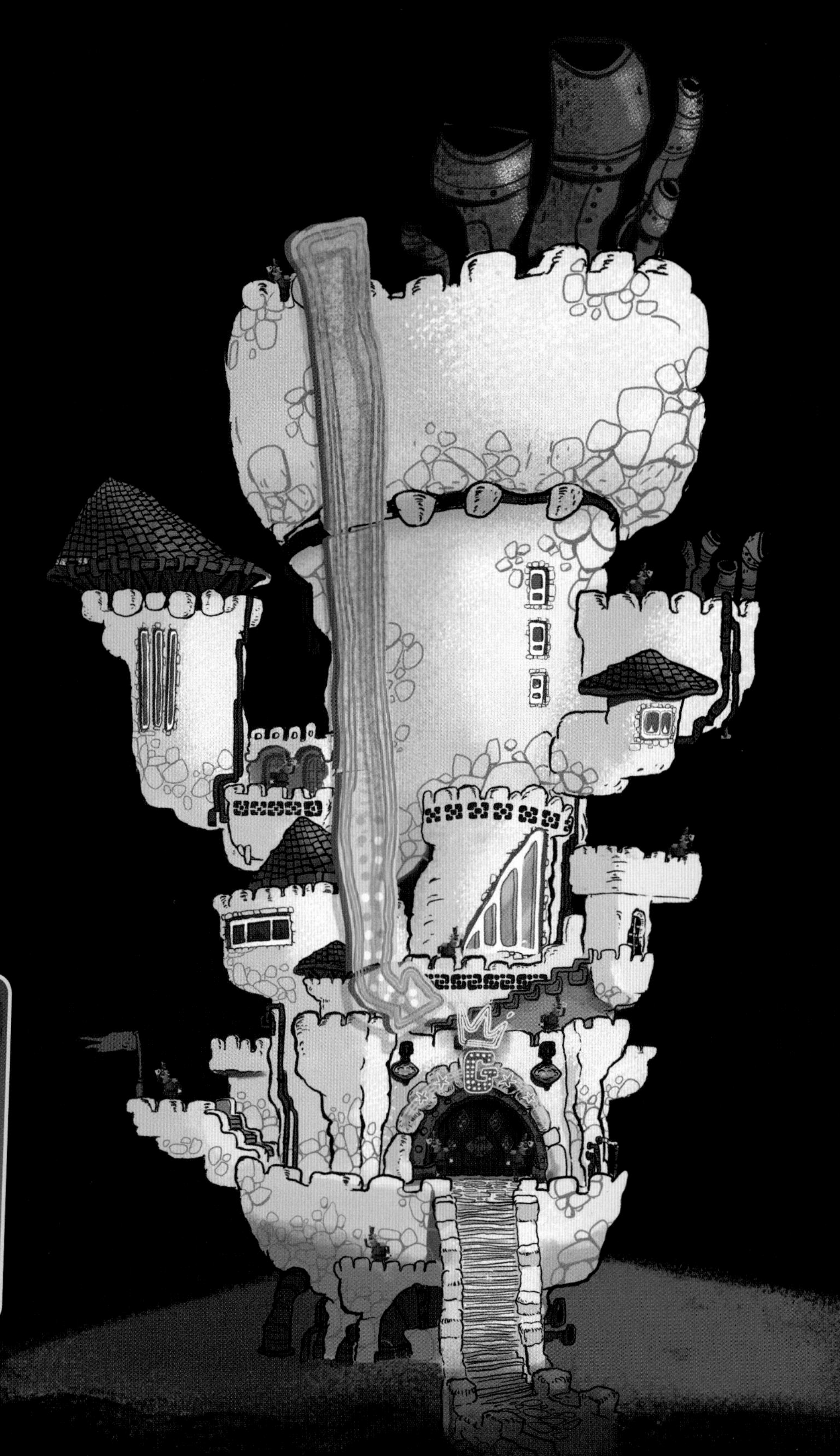

**왼쪽** 성 외관 • 사이먼 로저스 **오른쪽** 성 세부 • 애브너 겔러

**왼쪽** 성 • 리치 새실리악
**오른쪽**(위) 성 • 필립 보스
**오른쪽**(중간) 성 • 리치 세실리악
**오른쪽**(아래) 성 세트 디자인 • 필리페 브로슈

**왼쪽** 버겐 타운 외관 • 필립 보스 **오른쪽**(위) 성 내 벽등 • 커스틴 헨센 가와무라 **옆 왼쪽**(맨 위) 왕 전용의 오래된 테이블과 의자들 • 커스틴 헨센 가와무라 **옆 오른쪽**(맨 위) 사슴 그림 • 커스틴 헨센 가와무라 **아래** 성 복도 • 리치 다스카스

## 알현실

알현실의 핵심은, 성 안의 모든 공간과 마찬가지로 70년대 인테리어 디자인과 중세의 건축 스타일을 접목했다는 점이다. "아이디어를 얻으려고 70년대 호텔 로비 인테리어를 찾아보고 그 스타일을 바탕으로 성의 연회장을 참조해 조합했더니 흠 잡을 데 없이 잘 어울렸어요." 제작 디자이너 켄달 크롱카이트 셰인들린의 말이다.

비주얼 디벨롭 아티스트 커스틴 헨센 가와무라는 이 세트의 요소들이 완벽한 조화를 이루도록 수백 장에 달하는 70년대 인테리어 사진들을 열심히 연구했고, 그렇게 환각적인 문양의 셰그 카펫, 해머로 두드려 모양을 낸 금속 벽과 천장, 돌 화분의 인조 식물, 버블 글래스 창문 등을 포함시켰다.

**왼쪽** 알현실 문 • 커스틴 헨센 가와무라 **오른쪽**(위) 헌팅트로피 • 커스틴 헨센 가와무라 **오른쪽**(가운데) 알현실 음식 • 커스틴 헨센 가와무라 **아래** 다이닝 룸 • 커스틴 헨센 가와무라

왼쪽 그리스틀 왕의 연회 • 필립 보스 오른쪽(위) 새장과 자물쇠 • 커스틴 헨센 가와무라 아래 평소의 테이블 웨어 • 커스틴 헨센 가와무라

# 부엌

제작진이 '쿠킹쇼의 사악한 호스트에 딱 맞는 부엌'이라고 설명한 셰프의 소굴은 70년대 스타일에 충실한 팔레트에 중세 괴물의 분위기를 가미한 것 같다. 벽난로 안에서 부글부글 끓어오르는 솥단지, 70년대식의 섬뜩한 고기 갈이 기계 같은 기기의 디자인은 절충적이다. 성의 음식은 70년대에 유행한 '초고속 다이어트' 레시피에서 착안해 젤리 샐러드, 샌드위치 케이크, 비엔나 소시지구이 등의 요리로 왕의 식탁을 꾸몄다.

**왼쪽**(위) 주방 스케치 • 커스틴 헨센 가와무라
**왼쪽**(아래) 왕궁 주방 세트 디자인 • 필립 보스
**오른쪽** 왕궁 주방 • 필립 보스

위 주방 기구들 • 커스틴 헨센 가와무라 아래 주방 창문 코너 • 커스틴 헨센 가와무라

# 브리짓의 침실

가엾은 부엌데기 브리짓은 일이 끝나도 숙소에 돌아와 마저 해야 하는 운명이다. 더 구체적으로 말하면 주방 지하에 있는 그녀의 방 천장에 달린 뚜껑문이 열리면서 일거리가 그녀 눈앞에 뚝 떨어진다. 끊임없이 쌓이는 접시들, 냄비들, 팬들의 개수는 조금도 줄어들 줄 모른다.

방 한구석으로 밀어놓은 것 같은 나무상자들 위에 지푸라기를 깐 것이 브리짓의 침대다. 벽에 걸려 있는 건 그녀가 좋아하는 잡지에서 오려낸 사진들의 콜라주로, 그녀에겐 작은 오아시스나 마찬가지다. 여느 십대 소녀의 방에서 익히 볼 수 있을 것 같은 분위기를 그대로 표현했다. 그 가운데 그녀의 우상이자 연모의 대상인 매력적인 그리스틀 왕자의 커다란 사진들이 있다.

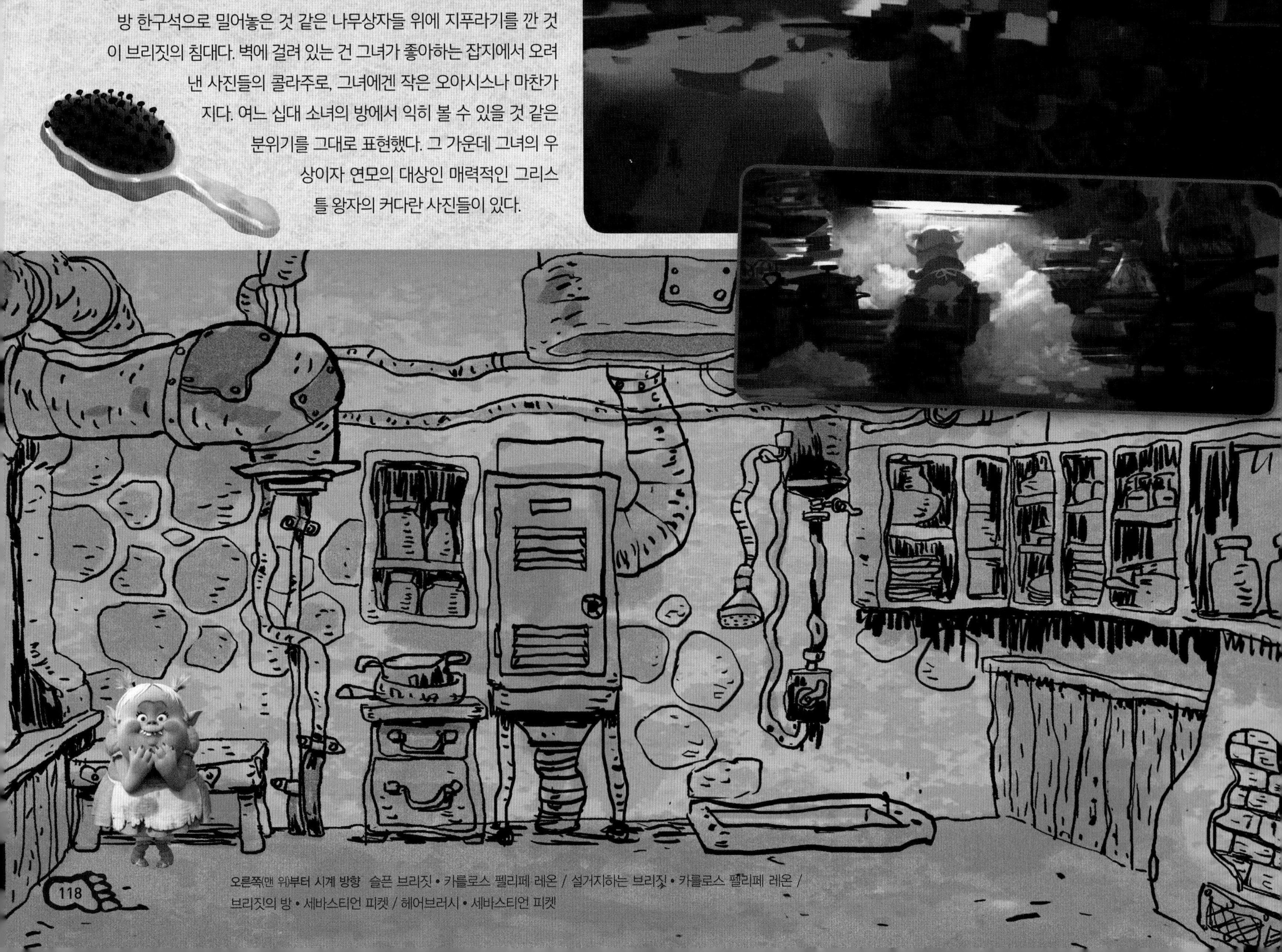

오른쪽(맨 위)부터 시계 방향 슬픈 브리짓 • 카를로스 펠리페 레온 / 설거지하는 브리짓 • 카를로스 펠리페 레온 / 브리짓의 방 • 세바스티언 피켓 / 헤어브러시 • 세바스티언 피켓

위 브리짓의 소품들 • 세바스티언 피켓
아래 브리짓의 방 • 켄 파크

# 비블리네 가게

그리스틀 왕자는 첫 번째 트롤데이 이브를 맞아 비블리의 빕 스토어로 중대한 순례를 떠난다. 트롤을 먹는 행사에 완벽하게 어울릴 턱받이를 사기 위해서다.

뉴질랜드 코미디언 라이스 다비가 연기하는 비블리는, 왕은 둘째 치고 살아 있는 존재가 20년 만에 자기 가게를 찾아준 것에 정신이 혼미해질 지경이다. 트롤들이 버겐 타운을 탈출한 후 그의 가게를 찾는 버겐은 아무도 없었으니까. 바야흐로 셰프가 버겐들에게 트롤데이를 되찾아주겠다는 약속을 내걸면서 비블리는 턱받이가 불티나게 팔려나갈 것을 대비해 정신없이 바쁘다. 트롤데이는 물론 버겐 타운의 공식행사에 비블리의 유명한 턱받이 없이 참여할 생각을 하는 버겐은 없기 때문이다. 손님을 상대하는 비블리의 세련된 태도와 그가 꾸민 상점을 보면 이해가 간다. 비주얼 디벨롭 아티스트 제이 보르카는 순백의 고급 가구를 비롯해 대리석 거울, 천을 씌운 벽, 타조 깃털로 가득 채워 비블리의 가게를 70년대 최고급 부티크 풍으로 꾸몄다.

***난 트롤데이를 살릴 왕이야!***
***그에 걸맞은 턱받이가 필요하다고!***
그리스틀 2세

**오른쪽**(위) 턱받이 소도구 • 커스틴 헨슨 가와무라 **오른쪽**(가운데) 턱받이 가봉 • 카를로스 필리페 레온 **왼쪽** 미스터 비블리 캐릭터 연구 • 크레이그 켈먼 **오른쪽**(아래) 턱받이 진열대 • 제이이 보르카 **옆** 턱받이 가게 • 필립 보스

Bibby's BIBS
BUY 10 BIBS FOR A FREE T.V.
vōse

# 캡틴 스타펑클 가게

그리스틀 2세는 모든 걸 멈추고 레이디 글리터스파클스를 데리고 버겐 타운에서 가장 인기 있는 곳에서 첫 데이트를 즐긴다. 그곳은 바로 캡틴 스타펑클의 미니 골프 롤러스케이트 링크와 쇼핑 아케이드다. "버겐이라면 다들 가는 곳이라 할 수 있죠." 감독 마이크 미첼의 말이다. 쇼핑 아케이드 모퉁이의 피자 가게는 이 연인들이 로맨틱한 정찬을 나눌 완벽한 분위기를 선사해준다. 제작진들이 귀띔하기로 버겐들은 기름진 페페로니 피자라면 자다가도 일어나는 족속이다. 제작 디자이너 켄달 크롱카이트 셰인들린의 고백을 들어보자. "70년대에서 영감을 받은 저희로선 자연스럽게 '샤키즈' 같은 로맨틱한 피자 가게를 떠올렸어요. 빨간 가죽을 댄 칸막이 좌석이 있는 곳 말이에요!"

영화에 나오지는 않았지만 제작진이 비공식적으로 밝힌 바, 연인들에게 피자를 가져다주는 웨이터는 캡틴 스타펑클 본인이다. (목소리 연기는 마이크 미첼 감독이 했다.)

**왼쪽** 비트보드(스토리보드를 만들 때 개그 장면이나 캐릭터의 포즈 등을 한눈에 알아보기 쉽도록 스케치한 것-옮긴이) • 켄 파크 **오른쪽**(위) 칸막이 좌석 • 제이 보르카 **오른쪽**(가운데) 피자 점원 명찰 • 커스틴 헨슨 가와무라 **오른쪽**(아래) 왕과 브리짓의 데이트 • 필립 보스 **옆** 롤러스케이트 링크 피자 가게 • 프리실라 웡 **옆 삽화** 피자 가게 • 켄 파크

Pizza
Capt. Starfunkles
Mini-GOLF, ROLLER RINK & ARCADE
SKATE
Pizza Skating
BIG FOOD
PIZZA
TV

단체 롤러스케이트팀 얘긴 익히 들어 알고 있다. 롤러스케이트를 타고 링크를 유유자적하게 도는 모습에서 70년대의 자유로운 분위기에 대한 향수가 느껴진다.

지나 샤이, 제작자

맨 위 피자 광고 • 제이 보르카 위 피자 데이트 • 제이 보르카 가운데 롤러스케이트를 타는 글리터스파클스 • 클레어 모리세이 / 롤러스케이트 • 켄달 크롱카이트 셰인들린 왼쪽(아래) 댄스 머신 • 대니 랭스턴 오른쪽(아래) 롤러스케이트를 타는 왕 • 카를로스 펠리페 레온

롤러스케이트 링크 역시 행복한 연인들을 저 멀리 우주로 날려보내는 판타지 시퀀스를 위한 로케이션이다. 그리스틀 2세와 레이디 글리터스파클스가 우주 공간 테마를 배경으로 롤러스케이트를 타는 동안 그들의 세계는 행성들과 별들이 가득한 은하계로 서서히 변한다. "사랑에 빠지면 마치 우주를 날아다니는 기분이 되죠. 그리스틀 2세와 레이디 글리터스파클스의 데이트에서 우리가 전하고 싶었던 것도 바로 그런 느낌이었어요." 공동 연출 월트 도른의 말이다.

크롱카이트 셰인들린은 캘리포니아 글렌데일에 있는 드림웍스 애니메이션 캠퍼스 근처의 롤러스케이트 링크를 참고해서 그리스틀 왕의 환상적인 세트장을 디자인했고, 도른 감독의 말을 따르면 '한쪽 면을 에어브러시 페인팅한 70년대 밴 자동차'의 분위기를 완벽하게 포착했다.

70년대에 수도 없이 즐겼던 롤러스케이트 파티를 회고하며 미첼은 이렇게 덧붙인다. "그리스틀 2세와 레이디 글리터스파클스가 열 오른 몸을 식히려고 송풍기 옆에서 롤러스케이트를 타는 순간이 등장해요. 우리도 그랬었죠. 송풍기 바람에 머리를 흩날리며 탔었죠."

위 디스코 볼 • 제이 보르카 왼쪽 스토리 패널 • 대니 랭스턴 오른쪽 롤러스케이트 링크 • 제이 보르카 아래 색상 키 프레임 • 제이 보르카

**브리짓의 툭 튀어나온 말뚝 울타리같은 이는 말을 할 때
행여 우수수 떨어져 나가는 것처럼 보이지 않도록
여러 번 실험을 거쳐야 했다.**

데이빗 버제스, 캐릭터 애니메이션 부장

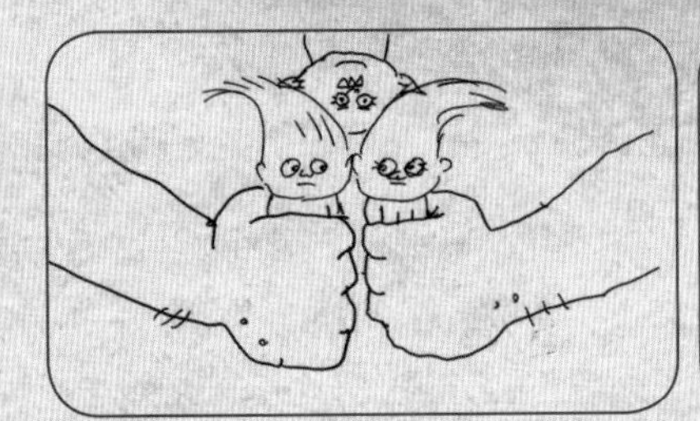

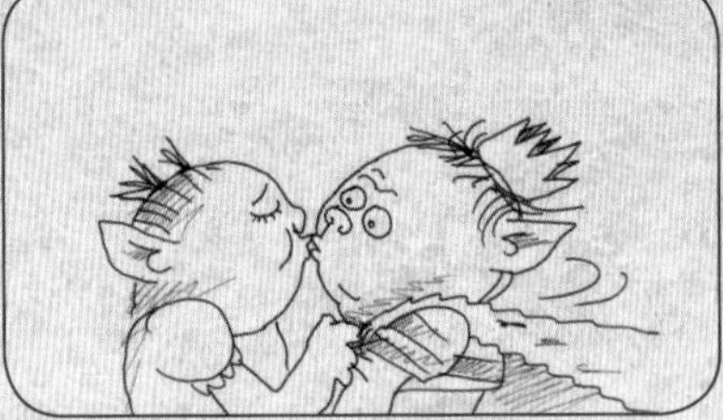

옆 스토리보드 • 마이크 미첼 위 조명 키 프레임 • 피터 자슬라프, 애브너 겔러 가운데 그리스틀 왕의 환상 • 제이 보르카, 피터 자슬라프 아래 환상 장면 채색 • 제이 보르카

## 그리스틀 2세

그리스틀 왕자에서 그리스틀 2세가 된 그는 밉살스럽고 툭하면 화를 내는 성격의 20대로 버겐 괴물들의 왕이다. (버겐의 별미인) 트롤들이 탈옥한 후, 충성스럽지 못한 신하들의 등쌀에 못 이겨 옥좌에서 물러난 아버지를 뒤이어 어린 나이에 왕이 되었다.

아버지의 실수에 황망해하는 아들 그리스틀은 신하들의 존경을 받고자 트롤을 버겐의 식단에 복귀시키고, 그렇게 버겐 타운에 다시금 행복을 가져다주리라 맹세했다.

버겐이 어디 가랴마는 그리스틀 2세 역시 한마디로 못생겼다. 그리스틀 2세를 맨 처음 스케치한 건 감독 마이크 미첼이었지만 어린 왕에서 깊은 깨달음을 얻는 캐릭터로 변모시키는 건 캐릭터 디자이너 크레이그 켈먼의 몫이었다. "제게 그리스틀 2세는 정말 버릇없고, 자기애로 똘똘 뭉친 왕자로 다가왔어요." 켈먼은 회상한다. "그렇게 못생겼는데도 자기도취증에 빠져 있고 자신만만한 캐릭터를 브리짓은 꿈에서나 볼 수 있을 근사한 남자로 본다는 점이 재미있더라고요."

이 버르장머리 없는 왕에게 생명을 불어넣은 건 <드래곤 길들이기>에서 피시레그 역을 맡기도 한 크리스토퍼 민츠플라스다.

**왼쪽** 왕의 포즈 • 크레이그 켈먼
**오른쪽**(위) 그리스틀 2세 스케치 • 마이크 미첼
**오른쪽**(아래) 버겐 왕의 초창기 발상 • JJ 빌라드

그리스틀 2세 캐릭터 연구 • 크레이그 켈먼

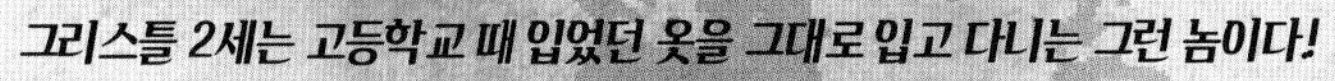

그리스틀 2세는 고등학교 때 입었던 옷을 그대로 입고 다니는 그런 놈이다!

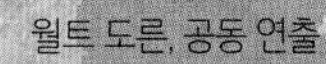

월트 도른, 공동 연출

**옆** 그리스틀의 운동복 • 크레이그 켈먼, 커스틴 헨슨 가와무라(프레임) **왼쪽 아기** 그리스틀 • 크레이그 켈먼, 커스틴 헨슨 가와무라(프레임)
**오른쪽**(위) 그리스틀 왕 • 크레이그 켈먼, 커스틴 헨슨 가와무라(프레임) **오른쪽**(아래) 왕의 파자마 • 켄달 크롱카이트 셰인들린, 커스틴 헨슨 가와무라(프레임)

**왼쪽** 버겐 비주얼 디벨롭 • 켄 파크
**오른쪽**(위) 왕의 자가용 • 필립 보스
**오른쪽**(아래) 왕의 연회 • 필립 보스
**옆** 그리스틀 2세 최종 결정판 • 드림웍스 애니메이션

## 셰프

20년 전, 트롤들이 도망쳤을 때 셰프의 모든 것이 박살났다. 위신이 땅에 떨어지기 전까지만 해도 셰프는 대단한 권세, 백성의 존경, 열성 팬, 모두가 탐내는 궁정 셰프 자리까지, 모든 것을 다 갖고 있었다. 그러나 트롤들이 도망친 그날, 그녀가 쌓아올린 모든 것은 형편없이 만든 수플레마냥 바스러졌다. 그 일로 숲으로 귀양을 가 있던 20년 동안 그녀는 트롤을 찾아 귀환할 계획을 짰다. 그러던 어느 날 그녀는 우연히 트롤 마을에 들어서게 되고, 급기야 파피의 친구들인 '스낵 팩'을 납치하는 엄청난 행운을 거머쥐게 된다. 잡은 트롤들을 벨트의 주머니에 욱여넣기 무섭게 버겐 타운에 금의환향한 그녀는 어린 그리스틀 2세에게 회심의 공물을 바치겠노라 큰소리 친다. 트롤을 맛보게 해주겠다는 것! 그러나 통큰 악한들이 그렇듯 셰프 역시 음흉한 꿍꿍이속이 있었으니…. "그녀의 궁극적인 목표는 여왕이 되는 겁니다." 공동 연출 월트 도른이 말한다. 아이러니한 건, 셰프와 파피의 사명은 비슷한 데가 있다는 것. "파피는 모두가 행복해지길 바랍니다. 그리고 셰프는, 자신의 목적을 달성하기 위해 버겐들을 행복하게 해줘야 하니까요." 에미상을 수상한 코미디 배우 크리스틴 바란스키가 목소리를 맡아 참으로 맛깔나게 연기해냈다.

***폐하의 트롤 관리자에게***
***큰 박수 한번 쳐주시지요…***
***폐하의 행복을 담당하는 장관…***
***폐하의 옥체를 위하는 주방장에게.***
***바로 저 말이죠!***

셰프

**왼쪽** 셰프 • 애브너 겔러
셰프 캐릭터 연구 • 크레이그 켈먼
셰프 트레일러 연구 • 레이첼 티엡 다니엘스

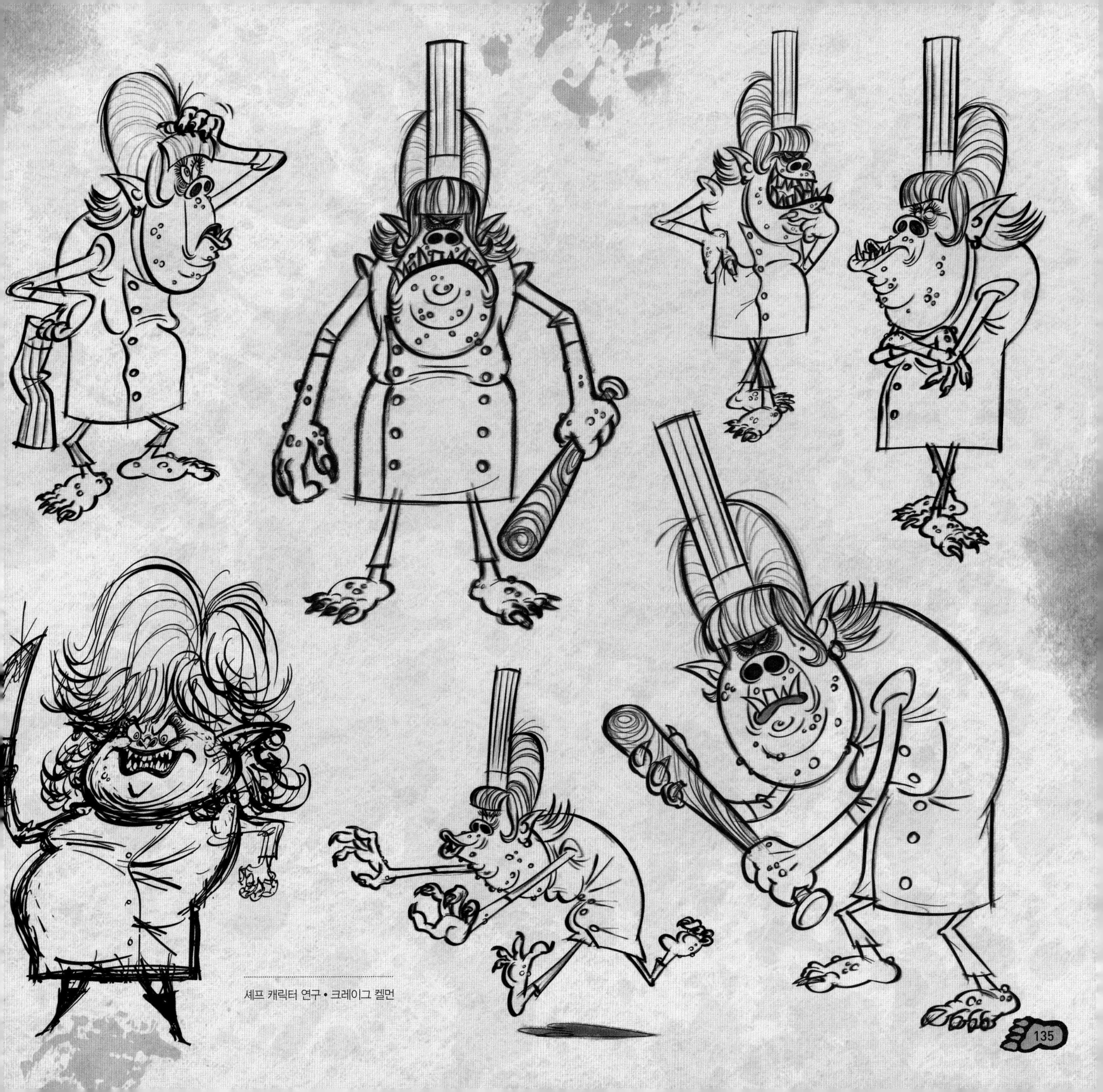

셰프 캐릭터 연구 • 크레이그 켈먼

**왼쪽**(위) 부엌칼 일습 • 애브너 겔러
**왼쪽**(가운데) 셰프 • 월트 도른
**왼쪽**(아래) 고기 칼 • 애브너 겔러
**오른쪽** 셰프의 악당 의상 • 티모시 램

**왼쪽** 쑥대 머리가 된 셰프 • 크레이그 켈먼
**오른쪽** 셰프 최종 캐릭터 결정판 • 드림웍스 애니메이션

# 브리짓

가끔 영화 속에서 귀엽고 사랑스러워서 자꾸 끌리는 캐릭터를 만날 때가 있다. 더 많이 보고 싶은 관객들이 늘어나면서 그는 일약 스타가 되기도 한다. 브리짓과 브리짓의 또 다른 자아 레이디 글리터스파클스가 그런 경우다. "제작진, 아티스트 모두 말 그대로 브리짓에게 홀딱 빠졌어요." 자못 신이 난 제작자 지나 샤이가 말한다. "마이크와 월트는 실로 놀라운, 잊기 힘든 캐릭터를 만들어냈어요."

"이 프로젝트를 시작할 때부터 브리짓이란 캐릭터를 중심으로 트롤들이 그녀를 돕는 구도로 구상했어요." 미첼이 말한다. "기본적으로 괴물 소녀 이미지로 출발했는데 머릿속에서 전구가 딱 켜지는 순간이 있었어요."

버겐 성 지하에서 살며 혹사당하는 부엌데기 소녀, 브리짓은 밤낮없이 불러대는 통에 쉬지 않고 일을 한다. 그리스틀 2세를 모시기도 하지만 주로 상대하는 건 견디기 힘든 상관 셰프다. 브리짓에겐 누구에게도 밝히지 못한 비밀이 있다. 다름 아닌 젊은 그리스틀 2세를 짝사랑한다는 사실이다. 그녀에게 그는 버겐 타운 최고의 미남이다. 물론, 왕은 브리짓이 자기를 미친 듯 사랑한다는 사실을 알 턱이 없다. 아니, 브리짓이란 존재가 있는지조차 알지 못한다.

브리짓 캐릭터를 속속들이 파악하고 있는 건 두 감독이었지만, 그녀에게 생명을 불어넣어준 건 골든 글로브에 세 번이나 후보로 오른 바 있는 주이 디샤넬이었다. 디샤넬은 감독들과 심도 있게 소통하는 한편 그녀 특유의 관점을 더해 브리짓의 성격을 만들어냈다. "보고 있으면 절로 흥분이 됐어요. 주이의 목소리가 워낙에 독보적이어서 브리짓 캐릭터가 생생하게 살아났어요." 공동 감독 월트 도른의 말이다.

브리짓 캐릭터 연구 • 크레이그 켈먼 **오른쪽 끝** 브리짓 스케치 • 마이크 미첼

***파피와 브리짓은 서로를 이해한다. 브리짓은 곤경에 처한 트롤들을 진심으로 동정하며 트롤과 친구가 되는 유일한 버겐이다.***

켄달 크롱카이트 셰인들린, 제작 디자이너

디샤넬은 녹음을 하는 과정에서 두 감독과 함께 브리짓의 개성 넘치는 목소리의 특징들을 발전시켜나갔다. 도른은 디샤넬의 해석력을 칭찬한다. "브리짓의 개성 넘치는 목소리는 주이 덕분이었어요. 그녀는 마릴린 먼로의 소심하고 부끄러워하는 측면과, 신디 브랜디의 연약한 측면, 그리고 <헤비메탈 파킹 랏>에 나오는 밸리걸이 브리짓으로 합쳐졌다고 봤거든요. 탁월한 해석이죠."

디샤넬로부터 브리짓의 소심하고 내성적인 면을 끌어내기 위해 마이크 미첼 감독은 이렇게 조언했다. "브리짓의 혀끝에 작은 천사가 잠들어 있는 걸 보고 행여 깨어날까 봐 전전긍긍한다고 상상해봐요!"

브리짓 캐릭터 연구 •
크레이그 켈먼

***브리짓은 흥미로운 모순덩어리다. 이런 영화에서 흔히 보는 대부분의 캐릭터와 확연히 다르다.***

크레이그 켈먼, 캐릭터 디자이너

**왼쪽** 컬러판 브리짓 캐릭터 연구 • 크레이그 켈먼 **오른쪽** 브리짓의 성지 • 켄 파크 **옆** 브리짓 최종 캐릭터 결정판 • 드림웍스 애니메이션

# 브리짓의 환상

하루종일 뼈가 휘도록 일하고 돌아오면 브리짓은 뜨겁게 사랑하지만 정작 자신의 존재도 알지 못하는 게 분명한 그리스틀 2세를 생각하며 라이오넬 리치의 <Hello>를 부르기 시작한다. 잡지에서 오려낸 사진들이 실물 크기로 커지고, 종잇조각을 붙여 표현한 그녀의 눈물방울들이 어우러지면서 노래는 사랑의 판타지가 된다. "주이의 브리짓이 <Hello>를 부르는 장면에서 마음이 찢어질 듯 아파질 겁니다." 공동 연출 월트 도른의 고백이다.

**왼쪽** 색상 키 프레임 • 애브너 겔러
**오른쪽** 환상 시퀀스 • 커스틴 헨슨 가와무라

**왼쪽**(위) 잡지를 읽는 브리짓 • 월트 도른
**왼쪽**(아래)**과 오른쪽** 버겐 포스터 • 커스틴 헨슨 가와무라

# 레이디 글리터스파클스

이야기 중반에 브리짓의 방에 몰래 들어간 파피와 브랜치는 포로 신세가 된 스낵 팩을 발견한다. 그래서 브리짓이 범인이라고 의심하는 순간, 브리짓이 <Hello>를 부르며 그리스틀 2세에 대한 사랑으로 번민하는 것을 목격하게 된다. "파피와 트롤 친구들은 그녀에게도 감정이 있음을 알게 됩니다." 미첼이 말한다. 그런 사정을 두고 볼 수만은 없다고 생각한 파피는 사적인 프로젝트 차원에서 브리짓을 돕기로 결심한다. 경계심을 풀고 숨어 있던 곳에서 나온 파피는 브리짓에게 그리스틀 2세의 마음을 사로잡게 해주는 조건으로 트롤 친구들을 풀어달라고 말한다. 소원을 이뤄주는 요정을 자처한 파피와 스낵 팩은 70년대 스타일로 브리짓을 변신시키니, 레이디 글리터스파클스의 탄생이다! 브리짓의 변신은 혼자 보기엔 아깝다. "트롤들은 브리짓을 70년대의 디스코 디바로 변신시키고자, 점프 슈트를 입히고 플랫슈즈를 신긴 후, 반짝이 메이크업을 해준 다음 거대한 무지개 가발을 씌워요." 캐릭터 디자이너 크레이그 켈먼이 설명한다. "사실 레이디 글리터스파클스 디자인의 공은 마이크 미첼에게 돌려야 해요. 전 그의 지시 사항과, 70년대의 수많은 자료 사진들을 참고해 첫 그림을 그렸을 뿐이에요." 파피의 노력이 맺은 최고의 결실은 브리짓의 새 가발로, 온갖 색깔과 반짝이와 빛이 어우러진 폭포수처럼 보인다. 이 가발은 파피와 스낵 팩이 자기들 머리채를 모아 커다란 무지개로 엮어낸 것이다. <트롤>에 동원된 효과 중에서도 단연 까다로웠던 브리짓의 무지개 가발엔 무려 23만 7,375가닥이 들어갔다. 그런 후 트롤들은 가발 속에 숨어선, 그리스틀 2세와 맞닥뜨린 브리짓에게 할 말을 귀띔해주고 조언도 해준다. 미첼은 말한다. "말하자면 트롤들이 브리짓만의 시라노 드 베르주라크가 돼준 거죠. 브리짓에게 레이디 글리터스파클스란 가명을 지어준 것도 트롤들이에요." 중요 스포일러를 피해 말하면 중요한 건 반짝이 글램룩 같은 겉모습이 아니라는 것, 정말 중요한 건 내면에 있음을 브리짓이 깨닫게 된다는 사실이다.

**옆** 레이디 글리터스파클스 최종 결정판 • 드림웍스 애니메이션
**위** 비트보드 • 켄 파크
**중간** 레이디 글리터스파클스 캐릭터 연구 • 크레이그 켈먼
**아래** 레이디 글리터스파클스 • 데이브 스미스

# 헤어스타일 컨트롤

아래 최종 프레임 • 드림웍스 애니메이션
옆(위와 중간) 색상 키 프레임 • 애브너 겔러
옆(아래) 헤어 스토리보드 • 숀 샤마츠

노련한 헤어스타일리스트들이 그렇듯, 캐릭터 효과 부장 데이먼 리즈버그도 고객의 헤어스타일을 일일이 기억한다. 그러나 그의 스타일링 도구는 모두 컴퓨터 '안에' 있다. "트롤 인형들이 가이드 역할을 해줬어요. 참조 동영상을 느린 화면으로 돌려 보면서 인형이 여러 동작을 취할 때마다 머리털이 어떻게 움직이는지 관찰했을 정도니까요."

혹여 다루기 힘든 머리털이 있어도 길을 들일 생각에 캐릭터마다 별도의 리그를 만들었다. 캐릭터 애니메이터들이 캐릭터의 몸을 통제할 수 있게 해주었고, 시뮬레이션 아티스트들이 캐릭터의 머리털을 따로 움직일 수 있게 해주었다. "전반적인 움직임과 안정감을 위해 보다 일반적인 리그들을 만들었어요. 반면에 시뮬레이션 아티스트들은 상대적으로 훨씬 더 고화질의 컨트롤 기능들을 썼어요."

리즈버그와 애니메이션팀 입장에서 몇몇 눈에 띄는 순간들을 구현하는 건 기술과 창의성 양면에서 도전이었다. 최우선 과제는 '파피의 머리털 계단'이었다. 머리털을 기발하게 활용할 줄 아는 파피는 한 장면에서 화사한 마젠타색 머리털을 아름다운 계단으로 만든다. 이 '머리털 계단'은 보기에 튼튼하고 견고해야 했고, 트롤 마을의 전매특허나 다름없는 따스하고 보송보송한 느낌이 나는 동시에 층층이 직각으로 꺾여야 했다.

두 번째로 눈에 띄는 성과는 쿠퍼의 털 디자인이었다. 트롤 표준 헤어스타일의 특별 변형판이라 할 수 있는 쿠퍼의 털은 다른 캐릭터의 20배에 달한다. "작업하는 내내 쿠퍼의 털은 '가벼워 보여야 한다'는 점을 유념하고 있었지만, 그런 느낌은 사실 지극히 주관적이죠." 그때를 회고하며 리즈버그는 말한다. "그래서 우리가 생각하는 '가벼움'의 본질을 추구하되, 실제로도 가벼워 보이고 움직일 때도 가벼워 보여야 한다는 결론을 내렸어요."

리즈버그가 언급한 것 말고도 아티스트들은 셀 수 없이 많은 난항과 직면했다. 가령, 머리털이 서로 붙어 있는 새틴과 셰닐이 한 몸처럼 움직이는 애니메이션은 어마어마한 노동량을 요구했다. 쌍둥이 자매의 머리털 개수가 '117,920'로 정해지자 효과팀은 둘의 머리털이 같이 움직일 때 커다란 튜브가 아니라 공기처럼 가벼워 보일 비법을 강구했다. 이 효과를 위해 제작진은 미리 중간에 특정한 모낭들을 결합한 특별한 소프트웨어 프로그램을 개발했다. "쌍둥이 자매의 머리를 하나로 연결하는 마법은 애니메이션 단계의 후처리 과정에서 이루어지지만, 애니메이터들은 매 쇼트마다 요구되는 다양한 동작과 실루엣을 컨트롤할 수 있게 되었어요."

마침내, <트롤>에서 잊지 못할 변신으로 기록될 장면에서, 파피와 스낵 팩은 합심해 브리짓의 무지개 가발을 만들어낸다. 박수갈채를 받아 마땅한 퍼포먼스다. 온갖 색과 반짝이가 어우러져 완성된 가발은 23만 7,375가닥의 털을 일일이 심어 만든 것으로, 쿠퍼 다음으로 많은 털을 썼다.

## 캐릭터별 머리카락 개수

| 캐릭터 | 머리카락 개수 |
|---|---|
| 파피(합계) | 83,705 |
| 양초 심지 헤어스타일 | 31,873 |
| 포니테일 | 51,832 |
| 브랜치 | 49,861 |
| 새틴 & 셰닐 | 117,920 |
| 가이 다이아몬드 | 62,031 |
| 크릭 | 90,024 |
| 쿠퍼(합계) | 803,226 |
| 헤어 | 40,575 |
| 솜털 | 762,651 |
| 스미지 | 57,535 |
| 퍼즈버트 | 117,997 |
| 화가 트롤 | 27,044 |
| 브리짓 | 120,558 |
| 아장아장 걷는 브리짓 | 50,576 |
| 레이디 글리터스파클스 | 237,375 |
| 합계 | 1,817,852 |

트롤은 여러 세대를 거치며 사랑받은 캐릭터다. 내가 어렸던 1970년대에 트롤 인형을 갖고 있는 친구들이 많았다. 일단 트롤 인형을 집어 들면 그 길고 화려한 색 머리칼을 손가락 사이에서 비비 꼬며 놀지 않고선 배길 재간이 없었다.

켄달 크롱카이트 셰인들린, 프로덕션 디자이너

## 그리스틀 1세

지도자는 누구나 역사에 길이 남는 존재가 되길 바란다. 안타깝지만, 그리스틀 1세는 트롤이 버겐 타운을 탈출한 사건의 책임자로 영원히 기억될 것이다. 한때는 최고의 연중 명절이었던 트롤데이는 그 사건으로 인해 아득한 추억으로 묻히고 말았고, 버겐 타운의 시민들은 이렇다 할 낙 없이 하루하루를 살아가게 되었다. "그리스틀 왕으로선 이가 갈리는 일일 거예요. 만백성의 추앙을 받던 왕에서 가장 혐오스런 존재로 전락하거든요." 제작자 지나 샤이가 말한다.

격한 감정의 파도에 휩쓸려 다니는 왕의 목소리는 감독 마이크 미첼 말에 따르면 '페이소스가 밴 건조한 유머 감각이 탁월한' 존 클리즈가 연기했다.

캐릭터 디자이너 크레이그 켈먼은 그리스틀 1세의 색상을 다른 버겐보다 상대적으로 살짝 어두우면서 채도는 높게 설정해서 출연 분량이 짧더라도 쉽게 잊히지 않는 인상을 남겼다.

왼쪽(위) 그리스틀 왕 • 크레이그 켈먼 오른쪽(위) 샹들리에 • 커스틴 헨슨 가와무라 / 벽난로 • 커스틴 헨슨 가와무라
아래 왕의 침실 • 커스틴 헨슨 가와무라 옆 그리스틀 1세 최종 캐릭터 • 드림웍스 애니메이션

# 버겐 타운의 행인

버겐을 구상할 때도 그랬지만, 버겐 타운을 오가는 버겐 '엑스트라들'을 구상할 때도 제작진은 70년대의 관습적인 패션을 참고했다. 그 결과 연회색에서 검은 갈색에 이르는 난색 계열의 색과, 인조섬유, 밑위가 긴 나팔바지, 폴리에스터 레저슈트가 등장하게 되었다. 감독 마이크 미첼은 말한다. "크레이그 켈먼은 몸에 딱 달라붙는 옷과 '하이웨스트' 스타일로 버겐 패션을 극대화시켜 '괴이한' 인상을 완전히 새로운 수준으로 끌어올렸습니다."

버겐 캐릭터 연구 • 크레이그 켈먼
옆 컬러판 버겐 캐릭터 연구 • 크레이그 켈먼

I ♥ Bibs

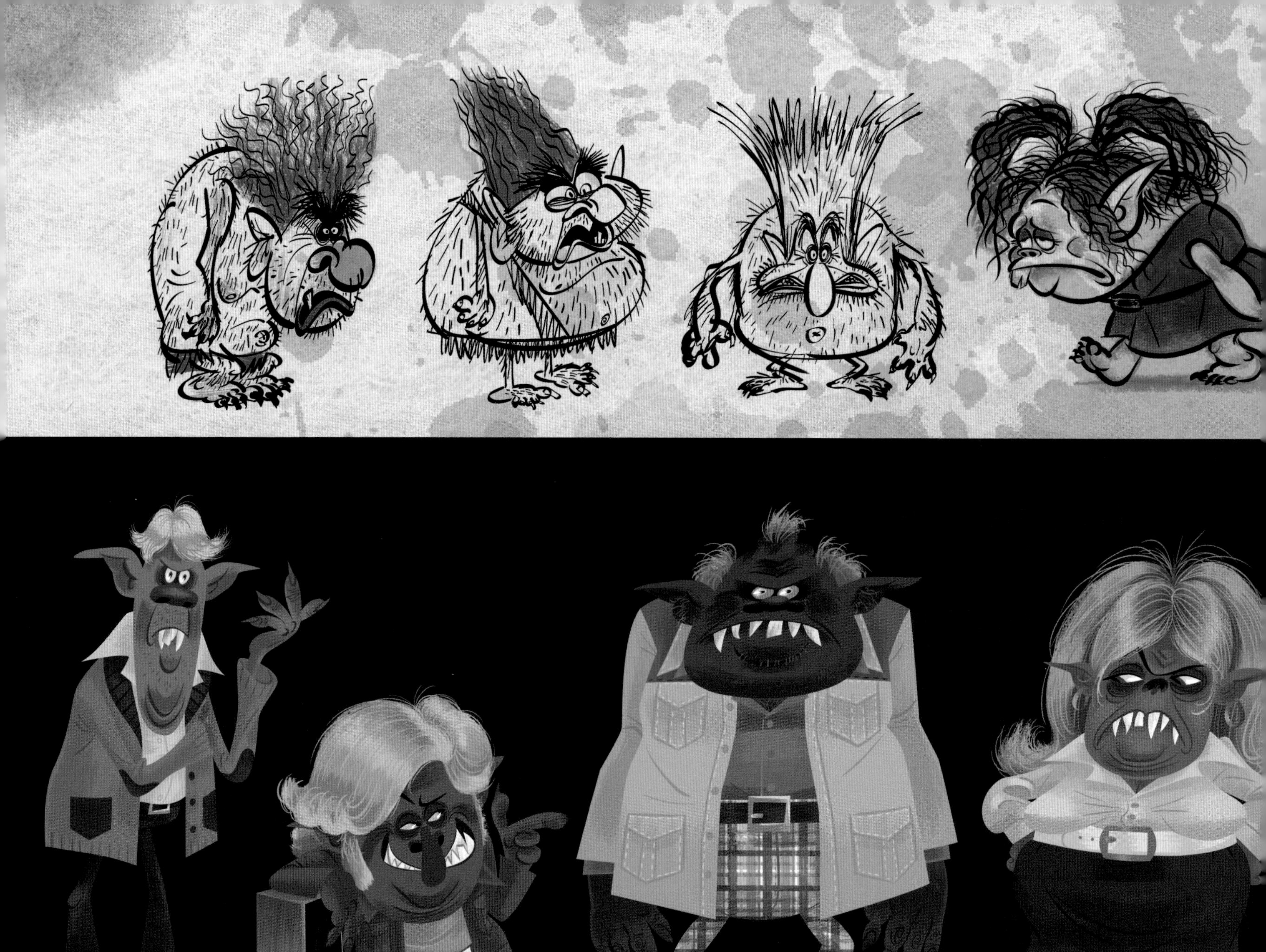

버겐 캐릭터 연구
• 크레이그 켈먼

# 버겐 타운의 생물들

아래 바퀴벌레 • 크레이그 켈먼
오른쪽 엘레플라이(코끼리와 파리의 혼종—옮긴이) • 크레이그 켈먼

트롤 마을을 에워싼 숲에서 살고 있는 각양각색의 알록달록한 생물군과 다르게, 버겐 타운은 반쯤은 우스개로 만든 건가 싶은 우중충한 생물들로 가득하다. "버겐 타운에 서식하는 생물들은 그곳 시민의 특성을 반영해 만들었습니다." 감독 마이크 미첼은 말한다. "즉, 화를 내고, 슬퍼하며, 부루퉁한데…도 우스꽝스러워야 했죠."

제작진은 버겐 타운 거주자들에 맞춤인 생물들을 만드는 과업을 캐릭터 디자이너 크레이그 켈먼에게 맡겼다.

아트 디렉터이자 캐릭터 디자이너 티모시 램은 이렇게 회상한다. "크레이그에게 버겐 타운에 살만한 동물들을 만들어 달라고 했더니 그는 닭과 파충류, 곤충, 양서류의 잡종처럼 보이는 놀라운 디자인을 들고 왔어요."

위 버겐 벌레 스케치 • 크레이그 켈먼
아래(왼쪽) 토드루스터(두꺼비와 수탉 혼종—옮긴이) • 크레이그 켈먼
아래(오른쪽) 토드루스터 스케치 • 크레이그 켈먼, 마이크 미첼

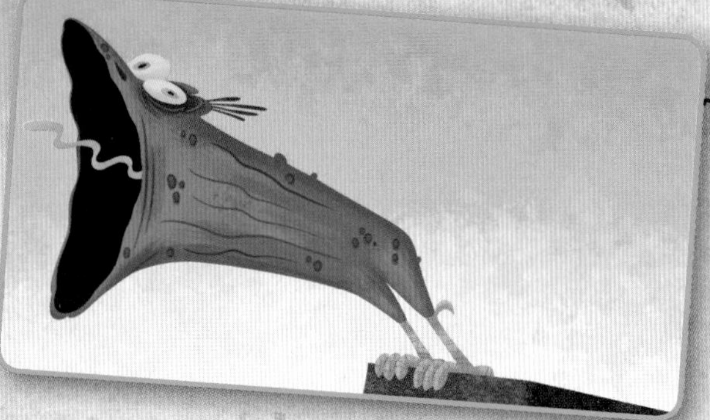

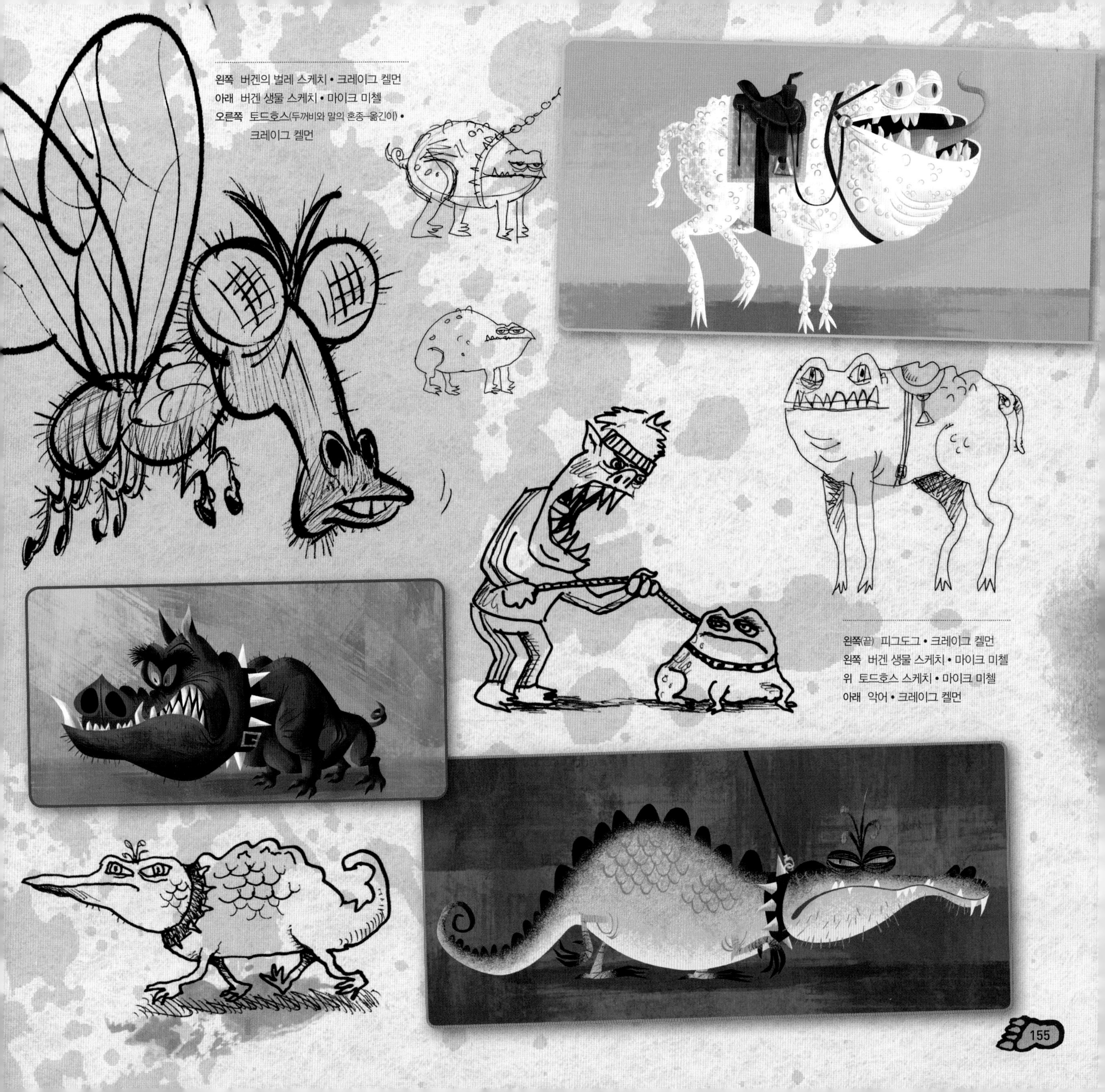

**왼쪽** 버겐의 벌레 스케치 • 크레이그 켈먼
**아래** 버겐 생물 스케치 • 마이크 미첼
**오른쪽** 토드호스(두꺼비와 말의 혼종-옮긴이) •
크레이그 켈먼

**왼쪽(끝)** 피그도그 • 크레이그 켈먼
**왼쪽** 버겐 생물 스케치 • 마이크 미첼
**위** 토드호스 스케치 • 마이크 미첼
**아래** 악어 • 크레이그 켈먼

# 에필로그

아래 브랜치와 파피 최종 캐릭터 디자인 • 드림웍스 애니메이션
오른쪽 통나무 세트 • 세바스티언 피켓

임무를 무사히 달성했다. 브랜치는 지금 노래를 부르고 있다. 버겐 이웃들도 노래를 부른다. 속으론 무시무시한 상상을 하고 있을지 몰라도 일단 모두 행복하다. 파피에겐 꿈이 현실이 된 광경이다. 도저히 극복할 수 없을 것 같았던 시련을 파피는 견뎌냈다. "파피는 늘 자신의 행복은 결국 스스로 지켜야 한다는 걸 알았어요. 그리고 행복은 내면에서 싹튼다는 것도요. 그게 이 영화의 진정한 메시지이기도 합니다. 행복은 내면에서 나오는 것이니 절대 포기하지 맙시다." 감독 마이크 미첼이 말한다.

제작자 지나 샤이도 한마디 거든다. "브랜치에겐 이 여행이 분수령과 같은 순간이었지요. 자기도 마음을 열 수 있다는 것, 그리고 음악은 그의 마음속에서 샘솟고 있다는 걸 깨달은 후 누구나 나름대로 장점이 있다는 걸 가끔이나마 믿어야 한다고 생각하게 됐으니까요."

그 아버지에 그 딸 아니랄까봐, 파피는 훌륭한 지도자의 자격이 있음을 증명해냈고, 모두를 위한 새 시대를 열 채비를 마쳤다. 트롤은 물론이요, 버겐에게도. 만수무강하소서, 파피, 트롤의 여왕이시여!

***윌트와 마이크가 완성한 스토리는 실로 감동적이다. 파피와 브리짓이 서로 교감하는 것부터 버겐들이 모두 행복은 내면에 있음을 마침내 깨닫게 되는 과정을 지켜보며 〈트롤〉 캐릭터들은 물론, 관객 역시 감성 충만한 여행을 하게 된다. 개인적으로 스크린에 꽃을 피운 피날레의 순간이 제일 즐거웠다.***

미레이유 소리아, 장편 애니메이션 공동 사장

# 감사의 말

독자 여러분이 지금 읽고 있는 책을 만드는 데 참여한 사람들을 하나하나 호명하려면 마을 주민 전부를 호명하는 것과 같을 겁니다. 그런 의미에서 드림웍스 애니메이션 마을에 뛰어난 트롤 부족이 있었기 때문에 이 프로젝트를 해낼 수 있었다는 데 새삼 고마울 따름입니다.

**왼쪽** 드림웍스 데디케이트 유닛 크루, 방갈로르, 인도
**오른쪽** 드림웍스 애니메이션 크루, 글렌데일, 미국
**아래** 선물 • 애브너 겔러

감독 마이크 미첼과 월트 도른, 제작자 지나 샤이에게 이 자리를 빌려 진심으로 감사드립니다. 전폭적인 지원과 함께 수차례에 걸친 인터뷰에 늘 즐겁게 임해준 당신들과 함께 일할 수 있어서 영광이었습니다! 불가능한 마감 미션을 지킨 존 슈미트, 치아라 길레트, 멀로리 스파르에게 감사드립니다. 켄달 크롱카이트 셰인들린, 티모시 램을 비롯해 <트롤>에 참여한 모든 아티스트들의 마법 손을 거치지 않았다면 오늘 이 자리는 없었을 것입니다. 여러분의 창의성과 재능에 감사드리며 아울러 멋지고 기괴하며 정신나간 모든 것을 사랑하는 여러분의 예술적 본능에도 감사하는 바입니다. 드림웍스 애니메이션 마케팅팀의 노고에도 당연히 감사드립니다. 할 수 있다면 데비 루너를 '북랜드의 여왕'으로 임명하고 싶습니다만, 제 능력이 부족한 탓에 그저 한없이 고마운 마음만 표합니다. 이 프로젝트에 기꺼이 시간과 재능을 투자해준 리사 볼드윈에게 감사드립니다. 올바른 길로 인도해주고 혜안을 나눠준 짐 갤러거와 테리 커튼, 그리고 매의 눈으로 살펴봐준 카산드라 터틀에게 이 자리를 빌려 고마운 마음을 표합니다. 카메론 북스의 크리스 그루너에게 감사드립니다. 탁월한 창의성을 발휘해 디자인을 해준 아이언 B. 모리스, 그리고 비범한 편집자 제이크 걸리에게도 감사드립니다. 마지막으로 켄드릭에게 감사드립니다. 안나, 당신의 에너지와 열정과 재능은 우리 모두의 창의력을 불태웠습니다!

제리 슈미츠

LA KINGS

# 출판사로부터

아래 화초 • 친 코 면지 스크랩북 페이지 • 프리실라 웡, 사진 • 사만사 트로번
앞표지 숲속 • 애브너 겔러 뒤표지 비트보드 • 켄 파크, 산발한 머리의 셰프 • 크레이그 켈먼, 그리스틀 2세 • 크레이그 켈먼, 브리짓의 방 • 켄 파크, 레이디 글리터스파클스 • 크레이그 켈먼

카메론 + 컴퍼니는 다음에 나오는 분에게 감사를 표합니다. 안나 켄드릭, 마이크 미첼, 월트 도른, 지나 샤이, 홀리 에드워즈, 켄달 크롱카이트 셰인들린, 티모시 램, 존 슈미트, 터커 스코트 앨리본, 이언 매킨토시, 알렉스 바이스 모건, 레이프 블러드, 데비 루너, 짐 갤러거, 리사 볼드윈, 사라 메인스, 보니 아놀드, 미레이유 소리아, 에이드리아 머널린, 마이클 가르시아.

---

아카데미 후보에 빛나는 배우 안나 켄드릭은 인상적인 재능을 발휘해 영화계에 다방면으로 기여해 왔다. 켄드릭이 주연을 맡은 <피치 퍼펙트: 언프리티 걸즈>(2015)는 뮤지컬 사상 최고의 흥행 기록을 세웠으며, 전편 <피치 퍼펙트>(2012)에서 그녀가 부른 <Cups>는 멀티 플래티넘을 기록했다. 켄드릭은 그 밖에도 <숲속으로>, <더 라스트 파이브 이어즈>, <케이크>, <해피 크리스마스>, <드링킹 버디즈>, <50/50>, <엔드 오브 왓치>, <캠프>, <업 인 디 에어>의 영화에 출연했고, 오스카, 골든글로브, 스크린 액터즈 길드, BAFTA, 크리틱스 초이스 어워드 등에서 수상하거나 후보로 올랐다. 또 블록버스터 <트와일라잇>의 처음 세 편에 출연한 바 있다. 내로라하는 연극배우이기도 한 켄드릭은 12세 때 이미 두 번째 최연소 토니 어워드 후보의 기록을 세웠으며 1997년 브로드웨이 뮤지컬 <하이 소사이어티>에서 분한 디나 로드 역으로 '뮤지컬 부문 최우수 여자 연기상' 후보에 올랐다.

---

자칭 팝컬처 매니아이자 SF 덕후인 제리 슈미츠의 가장 최근의 저서는 『피너츠 영화의 아트&메이킹』이다. 그전에 그가 쓴 책엔 『슈렉 포에버 아트』, 『서핑 업: 트루 스토리의 아트 & 메이킹』이 있다(스포일러 경고 『서핑 업』의 공식 저자는 코디 매버릭이지만 설마 펭귄이 썼을 리가…) 그 외에도 그는 영화, 마케팅, 홍보 및 제작 컨설턴트로 일하고 있다. 그가 트롤이라면 '쇼콜라티에 트롤'로 큰 초콜릿 가게를 차릴 것이다. 그를 팔로하려면 트위터로 @ JerSchmitz를 검색할 것.